文書館のしごと

アーキビストと史料保存

新井浩文

吉川弘文館

目　次

プロローグ——文書館施設ってなんですか？

1　アーカイブズとは？

最近、「アーカイブズ」という言葉をよく耳にするようになった。アーカイブズとは、現用の文書や記録＝レコードに対して、一定期間の時を経過して歴史的な意義を持った文書や記録そのものを指す言葉であるが、これらを保存する施設の総称としても使われている。

日本国内には、二〇二三年（令和五）現在のところ公文書館・文書館・史料館等々、名前はさまざまだが、全国に約九〇もの自治体アーカイブズ施設がある（国立公文書館ホームページによる。本書では仮に一元的に「文書館」と呼ぶ）。

では、これらの文書館施設はいったい何をしているところなのだろうか？　まず、その設立経緯や現在の状況について簡単にふれておきたい。

2　図書館・博物館との違い

まずは、図書館や博物館との大きな違いについて確認しておきたい。

一つ目は、図書館が刊行物などの二次資料を主に扱うのに対して、文書館はこの世に一点しかないオリジナルな一次資料を主に扱う施設であるということである。この点はある意味、博物館と扱う資料の性格という点では同じかも知れない。

二つ目は、「○○家文書」あるいは「○○課移管文書」といった形で文書群単位、かつ出所別に資料を扱い整理・公開しているということである。これを「原秩序の維持」「出所原則」と呼んだりするが、一点重視型の博物館資料に対して、資料群ごとに取り扱うという点に大きな特徴があるといえる。

そして、三つ目は、自治体や学校、会社といった各組織がみずから作成した文書や記録を広く市民や県民のために、未来まで保存・公開する施設であるということである。この三つ目が文書館施設の最大の特徴ではないだろうか。

なお、自治体の公文書を扱っている文書館の場合、当然のことながら公開に際しては、公開・非公開の判断が求められるところとなる。この点は、原則、公開が当たり前の図書館と異なる性格を持っているといえるだろう。

3　文書館設立の経緯

では、そもそも文書館施設はなぜできたのだろうか？　欧米諸国には、古くからアーカイブズと呼ばれる施設があり、図書館・博物館と並ぶ三大文化施設として設置されてきた。

そのメイン機能は、記録の管理を行うところであり、まさに歴史的に重要な文書を保管し将来に残すための施設である。お隣の中国でも档案館《とうあんかん》と呼ばれる文書館施設があり、アジアでも古くからその存在が知られていた。

わが国では江戸幕府に記録御用所《きろくごようしょ》が存在したように、それに類似する施設は存在していたが、欧米諸国に追いつきたい明治新政府は、海外視察に行った伊藤博文《いとうひろぶみ》や岩倉具視《いわくらともみ》らの意見によって、一度は欧米の文書館施設であるアーカイブズ制度の導入を考えるが、最終的には実現しなかった。この点が、図書館や博物館がその後設置されて広く全国に普及した点と大きく異なる部分である。明治政府は、歴史資料として重要な記録や文書類を編さん物という形で残すことを重要視した。その結果として公式記録として編さんされたのが『公文録《こうぶんろく》』や『公文類聚《こうぶんるいじゅ》』などである。

その後、第二次世界大戦を経て、空襲による都市部の荒廃や公文書の消失、農村の崩壊による記録・文書類の散逸などが問題化した。このため、各地でこうした関係資料の調査が実施されるとともに、その散逸を防ぐための法の設立が、各方面から要望としてあがってきた。その結果として、設立された施設の一つに文部省史料館（前国文学研究資料館史料館、現国文学研究資料館）がある。さらに、役所で保管する現用期間が過ぎたために、これまで廃棄されていた有期限の行政文書を歴史資料として保存することの重要性も指摘され始めた。

折しも、地方の国立大学に農村部の古文書資料を集約させるという「国立大学史料センター」構想が立ち上がった時期と重なったこともあり、地元の研究者や自治体関係者がこの構想に反対するとともに、文書館施設の建設を強く求める運動が起こり、その延長線として「歴史資料保存法」の設立要求が諸学会を通じて出された。一九六〇～七〇年代にかけてのことである。この運動の基本理念としては、歴史資料として重要な古文書や行政文書を国や地方公共団体が責任をもって、保存・公開していくことが求められていた。

その結果、日本学術会議から国に対して、一九五九年（昭和三十四）に「公文書散逸防止について」、ついで六九年に「歴史資料保存法の制定について」がそれぞれ勧告として出された。この運動は、その後も学会や全国歴史資料保存利用機関連絡協議会など関係諸団体を中心にねばり強く続けられた。そして、最終的には「歴史資料保存法」の内容を踏襲しながらも公文書に比重を置く形で一九八七年に議員立法として「公文書館法」が制定され、今日に至っている。

なお、「公文書館法」施行以前に、山口県文書館や京都府立総合資料館（現京都府立京都学・歴彩館）、埼玉県立文書館などが先の文書館設置運動の延長線上で、自治体の条例という形で設置されている。

4 「公文書館法」と「公文書管理法」

このようにして誕生した「公文書館法」だが、その条文は次の七条から成り立っている。

（目　的）

第一条　この法律は、公文書等を歴史資料として保存し、利用に供することの重要性にかんがみ、公文書館に関し必要な事項を定めることを目的とする。

（定　義）

第二条　この法律において「公文書等」とは、国又は地方公共団体が保管する公文書その他の記録（現用のものを除く。）をいう。

（責　務）

第三条　国及び地方公共団体は、歴史資料として重要な公文書等の保存及び利用に関し、適切な措置を講ずる責務を有する。

（公文書館）

第四条　公文書館は、歴史資料として重要な公文書等（国が保管していた歴史資料として重要な公文書その他の記録を含む。次項において同じ。）を保存し、閲覧に供するとともに、これに関連する調査研究を行うことを目的とする施設とする。

2　公文書館には、館長、歴史資料として重要な公文書等についての調査研究を行う専門職員その他必要な職員を置くものとする。

第五条　公文書館は、国立公文書館法（平成十一年法律第七十九号）の定めるもののほか、国又は地方公共団体が設置する。

2　地方公共団体の設置する公文書館の当該設置に関する事項は、当該地方公共団体の条例で定めなければならない。

（資金の融通等）

第六条　国は、地方公共団体に対し、公文書館の設置に必要な資金の融通又はあつせんに努めるものとする。

（技術上の指導等）

第七条　内閣総理大臣は、地方公共団体に対し、その求めに応じて、公文書館の運営に関し、技術上の指導又は助言を行うことができる。

このほか、附則で（専門職員についての特例）として、「2　当分の間、地方公共団体が設置する公文書館には、第四条第二項の専門職員を置かないことができる」とされており、その養成制度のあり方や資格認定をめぐってさまざまな意見や動きがある（本書、Ⅲ—第一～三章参照）。ちなみに、独立行政法人国立公文書館には現在、専門職として公文書専門官が配置されている。

その後、文書館施設を巡る新たな動きとして、二〇〇九年（平成二十一）七月に「公文書等の管理に関する法律」（以下、「公文書管理法」）が成立し、施行されている。

この法律によって、国の公文書はその発生段階からむやみに廃棄されたりしないよう、厳しい管理下におかれることになるとともに、国立公文書館で永久保存される歴史的公文書と、それ以外の文書が作成時点から選別されることになった。「同法」の成立により、これまで「公文書館法」は非現用文書が対象だったため、第二条で「現用のものを除く」とされていて懸案だった現用文書についても、保存の網をかけることが可能となったのである。

5　図書館へのアプローチ

以上、簡単に文書館の仕事やその設立経緯、現在の状況についてごく簡単に述べさせていただいた。最後に、今後の図書館との関係で注目される動きについて、二点ほど触れておきたい。

まず一点目は、先の「公文書管理法」成立の際の参議院付帯決議の十四に「一部の地方公共団体において公文書館と公立図書館との併設を行なっていることを踏まえ、これを可能とするための支援を検討すること」という意見が付されている点である。すでにご承知のように、現在、地方の県立図書館の一部には、奈良県立図書情報館など公文書館機能を持つ館が誕生している。

確かに、閲覧による公開という機能上、図書館に文書館機能を持たせることは現実性があるといえるかも知れない。しかし、その際に重要となるのは、冒頭に述べた図書館と文書館との機能に関する相違点である。その違いを理解した上で、双方の機能を活かしていけるのならば問題は少ないと思われる。要は、図書館員が、どれだけ文書館を理解しているかが鍵となるであろう。

二点目は、保存に関することである。とくに一九八〇年代以降、大きな問題となった酸性紙や九〇年代以降に問題化したマイクロフィルムの保存環境、さらには近年の電子媒体の保存などについては、図書館だけでなく、文書館施設にとっても大きな課題となっている。

この点は、これまでこうした諸問題について積極的に取り組んできた図書館関係者の経験や情報に頼らざるをえない点が多々ある。先輩としての図書館が、後輩の文書館施設に対して積極的に関わり、この分野については共同で今後もその対策などについて取り組んでいく必要がますます増えるだろう。そのためのネットワーク組織として、日本図書館協会や全国歴史資料保存利用機関連絡協議会（全史料協）があり、そこから発信されている最新情報を積極的に活用していただけたらと思う。

そのために、本書が少しでもお役に立てたなら、うれしいかぎりである。

コラム

アーカイブズに関する入門書

・ジャン・ファヴィエ著・永尾信之訳『文書館』（白水社、一九七〇年）
図書館職員のために書かれた文書館入門書。刊行後四十年以上経てもなお、文書館の歴史や基本理念に関して知るには格好の一書です。

・ブリュノ・カラン著・大沼太兵衛訳『アーカイヴズ―記録の保存・管理の歴史と実践―』（文庫クセジュ、二〇二一年）
ローヌ県立リヨン・メトロポール文書館長である著者がアーカイヴズの起源や歴史など記したアーカイヴズを理解するための入門書です。

・安澤秀一著『史料館・文書館学への道―記録・文書をどう残すか―』（吉川弘文館、一九八五年）
文書館施設における現場の視点から初めて「文書館学」という概念を説いた本。その後の文書館設立運動の歴史とその背景を学ぶ上でも一読をお奨めします。

・大藤修・安藤正人著『史料保存と文書館学』（吉川弘文館、一九八六年）
文書館の役割や、史料保存をめぐる問題点と課題、アーキビスト養成の課題、近世・近代文書の整理方法など、多岐にわたって文書館学とは何かを説いた書です。

- 高野　修著『日本の文書館』（岩田書院、一九九七年）

日本の記録資料保存の歴史と文書館に関する概論をコンパクトに解説した本です。

- 小川千代子著『世界の文書館』（岩田書院、二〇〇〇年）

世界における文書館施設の概要を紹介している本です。各国の事情によって異なる文書管理の考えが学べるとともに、その根幹は何かを考えさせられる一書です。

- 小川千代子・高橋実・大西愛編『アーカイブ事典』（大阪大学出版会、二〇〇三年）

題名は事典となっていますが、文書館を知るための読み物としてさまざまな内容が盛り込まれています。内容的には、公文書管理法施行以前の内容のため、若干、古い所もありますが、アーカイブズに関する基本的な考え方や実際施設で行われている業務などをより詳細に知ることができます。

- 小川千代子・菅真城・大西愛編著『公文書をアーカイブする―事実は記録されている―』（大阪大学出版会、二〇一九年）

昨今社会的関心が高まっている公文書をアーカイブとして正しく残すために何をしなければいけないかを問う一書です。

- 安藤正人著『草の根文書館思想』（岩田書院、一九九八年）

地域に根ざしたアーカイブズとは何かを事例を示しながら解説したブックレットです。全国には実にさまざまなアーカイブズ施設が存在しており、それは自治体立だけではなく個人や団体によるものもあり、それぞれの施設が後世に記録史料を遺すために奮闘している様子を伝えています。

- 松岡資明著『アーカイブズが社会を変える』（平凡社、二〇一一年）
「公文書管理法」施行以降の公文書管理の在り方や情報公開との関係、文書館と社会との関わりの変化等をわかりやすく述べています。
- 粕谷一希ほか著『図書館・アーカイブズとは何か』（別冊「環」15、藤原書店、二〇〇八年）
題名のとおり図書館とアーカイブズ（文書館施設）の現状や連携の在り方について、現場の視点からの報告集となっています。複合施設としてのメリット・デメリットについても言及されており、これからのLA連携について考える一書です。
- 瀬畑源著『公文書をつかう―公文書管理制度と歴史研究―』（青弓社、二〇一一年）
文書館利用者の視点から書かれており、図書館ユーザーとの相違点を知るための一書です。
- 瀬畑源著『公文書管理と民主主義―なぜ、公文書は残されなければならないのか―』（岩波ブックレット、二〇一九年）
公文書を残す意味について理解できます。
- 岩上二郎著『公文書館への道』（共同編集室、一九八八年）
岩上二郎参議院議員による議員立法によって成立した「公文書館法」成立までの経過につい

て本人みずからが綴った記録です。幾多の困難があった末の同法成立であったことがわかります。

- 大濱徹也著『アーカイブズへの眼―記録の管理と保存の哲学―』（刀水書房、二〇〇七年）

これまでどちらかといえば歴史研究に偏りがちであったアーカイブズの利用について、本来のアーカイブズの在り方と利用者像について理念的に言及した書です。

- 埼玉県地域史料保存活用連絡協議会編『地域文書館の設立に向けて』1～8（一九八七～二〇二〇年）

基礎的自治体を中心とする地域文書館の基本的な在り方や、同施設で日常的に取り扱う行政文書や諸家の古文書等の収集・整理・保存・公開方法についてわかりやすく解説したブックレットです。なお、7～8については同協議会のホームページからダウンロードが可能です。

- 宮間純一編『公文書管理法時代の自治体と文書管理』（勉誠出版、二〇二二年）

「公文書管理法」が二〇一一年に施行されましたが、その後の動向について現状と課題についてまとめた書です。

- 下重直樹・湯上良編『アーキビストとしてはたらく』（山川出版社、二〇二二年）

「アーキビスト」として「はたらく」ということを具体的な事例を通して紹介しています。

- 大阪大学アーカイブズ編『アーカイブズとアーキビスト―記録を守り伝える担い手たち―』（大阪大学出版会、二〇一九年）

アーカイブズとアーキビストについて、わかりやすく解説した入門書です。

I　文書館の仕事

一　民間所在資料（古文書）

1　公文書館法

二〇二三年（令和五）現在、わが国の公立文書館・公文書館といった施設は、都道府県・政令指定都市レベルにおいては、建設中の館を含めればすでにほぼ設置され、市町村においても三〇を超える勢いである。

その背景には、一九八八年（昭和六十三）に施行された「公文書館法」に拠るところが大きいことはいうまでもない。この点は、施行前三〇年が一四館だったのに対して、施行後は約一〇年で一二館と数値的に見ても歴然である。(1)

しかし、その設立までの経緯については、すでにさまざまな角度から指摘が成されているように各都道府県によって大きく異なり、設立までの事情そのものが、その後の文書館活動そのものに大きな影響を与えている館も少なくない。(2)

換言すれば、各館の成立過程が、単独施設か複合施設か、教育委員会か知事部局かといったその後の館の組織や建物に影響を与え、その相違によって、それぞれの館が独善的な活動を呈しているわけで、よくいえば各文書館の独自性ある活動、悪くいえば各文書館バラバラの統一性がない活動、という日本の文書館が抱える問題点がそこに見えてくる。

こと「歴史資料として重要な公文書」に関する収集・保存・公開に関していえば、国立公文書館や国文学研究資料館、各大学などにおいて専門職養成課程が開始されたこともあって徐々に各文書館における基本的な業務格差も解消されてきていると思われる。これも、おもに「公文書館法」の法的根拠が内外に浸透した結果といえるだろう。

ところが、その一方で民間所在資料（以下、本章では総称として一般に馴染みのある「古文書」とする）をめぐっては、各館の対応がいまだ不文律《ふぶんりつ》な状態が続いている。とくに「公文書館法」のなかでいう「公文書」という概念を現在の出所だけで捉えた場合、古文書は現行法のなかではきわめて弱い位置づけとなっている。この点は、歴史研究者サイドからも成立直後から指摘されていた点であるが、行政内部でも課題は多い。

古文書の範囲の確定とその取り扱いが現在の文書館にとっては急務であり、行政として出所は異なるものの、過去の出所が公的機関やその関係者である以上は、「公文書」として扱うべき性格を有している点は間違いないと思われるが、現実的にはさまざまな問題が起こり始めている。

その契機となったのが、一九九五年（平成七）一月十七日に起こった阪神淡路大震災《はんしんあわじだいしんさい》の際に、大量の古文書が倒壊した民家から確認されたことである。これまで、かかる古文書資料はその存在事態が調査の上、すでに確認されていたものもあったが、多くは阪神・淡路大震災を契機に実施された歴史資料救済活動の結果、新たに発掘されたものが大半であり、この活動によって、これまで地域住民にとって古文書資料が「歴史資料」としては認識されてこなかった実態が明らかにされるに至った。その一部は、史料の救済活動によって現地に遺すことができたものの、救済活動以前に散逸、あるいは売却といった形で処分された古文書も決して少なくない。まさに、歴史資料に対する認知度の低さが、震災を通して露呈されたという皮肉な結果が、そこには顕在したのである(3)。

そしてもう一つの事例は、公表されているデータとして、大分県立先哲史料館《おおいたけんりつせんてつしりょうかん》が一九九四年度から実施した県内の古文書所在調査の結果、この二〇年間で二三%もの古文書が散逸していたことである(4)。この調査結果は、何も大分県に限ったことではなく、全国的な課題として受け止めなければならないだろう(5)。その背景には、バブルによる土地の高騰とその後の崩壊によって、多くの名主層が土地から遊離し、村社会全体が崩壊したという社会的な影響が少なからずあったことも否めない。

本章では、このような古文書をとりまく現在の問題点を整理するとともに、これまでのわが国における戦後の「史料保存運動」全体を総括し、そこから、新たに文書館において、古文書を今後どのように扱って行くべきかを「公文書館法」の趣旨と照合しながら考察し、「公文書館法」下の文書館における新たな古文書館における新たな古文書の取り扱いに関する基本理念を模索しようとするものである。

2　古文書の保存をめぐるこれまでの動き

（1）　戦後の史料保存運動の検証と「公文書館法」の成立

まず、はじめに古文書の保存をめぐるこれまでの動向について検証するために、その根拠となる法令「公文書館法」ができるまでの史料保存運動の歩みのなかから、民間所在資料の位置づけを中心に簡単にみていくことにしたい。

以下、「同法」成立までの重要な動きと思われる事項を日本学術会議に関するものを中心に掲げてみる(6)。

①一九四八年　学術研究会議（現日本学術会議）。「近世庶民史料調査委員会」の発足。
②一九五一年　「文部省史料館（現国文学研究資料館史料館）」の設置。
③一九五九年　日本学術会議「公文書散逸防止について（勧告）」。
④一九六九年　日本学術会議「歴史資料保存法の制定について（勧告）」。
⑤一九七一年　「国立公文書館」の設置。
⑥一九七七年　日本学術会議「官公庁文書資料の保存について」要望書を提出。
⑦一九八〇年　日本学術会議「文書館法の制定について（勧告）」。

⑧一九八七年「公文書館法」（議員立法）成立。

（全史料協編『日本の文書館運動』〈岩田書院、一九九六年〉より作成）

ここで取り上げた、①は戦後の社会変化に伴う古文書の流失防止に伴い発足したもので、そこで収集された史料の保管をめぐる動きが②の設立に繋がっている。[7]

また、③はまさに「公文書館法」の原点ともいえる勧告で、官公庁有期限公文書の保存と公開について初めて言及したものとして高く評価されるべきものである。

さらに、④は古文書の現地保存主義を提唱した勧告で、都道府県文書館の設立促進を要望し、また文化財保護法との関係からも注目されるべき内容を多く含んでいる。

⑤は、③の勧告による公文書の保存を念頭に設置されたが、不完全な公文書保存制度にあって、その改善策として出された要望書が⑥であり、「国立公文書館法」の原点ともいうべき、司法・立法・行政にわたる内容を指摘している。

そして、これまでの③・④・⑥の趣旨を総括した形の文書館設立のための法律「文書館法」の制定に向けた内容を盛り込んだ⑦が勧告され、その七年後にようやく議員立法という形で、⑧の「公文書館法」の成立をみることになるのである。

この間の古文書の保存をめぐる動きのなかでは、④の勧告が最も重要である。④は一九六九年（昭和四十四）に起こった各地域に残る名主《なぬし》（庄屋《しょうや》）文書などを旧制帝国大学に一括収集させるという「日本史資料センター」構想への反対運動に端を発した学会活動の結実した結果であり、現在でも古文書の現

地保存を考える根幹となっている。(8)

なお、その後のこの勧告に関連する文化財保護法下における文化庁の対応が注目されるので取り上げておきたい。文化庁による具体的な取り組みとしては、一九七五年に「古文書のほか学術上の価値の高い歴史資料」という提議を加えた「歴史資料」というジャンルを文化財保護法の改正に伴い付加し、都道府県を皮切りに市町村に至るまで歴史民俗資料館の補助金を文部省が出す方針が打ち出されているほか、古文書を含む歴史資料の国立歴史民俗資料館を核とする全国的なネットワークの構築を意図する旨も示唆されている。(9)

この時点で古文書が、文化財のなかでは「歴史資料」に位置づけられ、ほかの資料とともに包括的に扱っていくという文化庁の見解が出されたわけである。この点は、民間所在資料の現地保存機関として歴史民俗資料館を建設していくという一つの指針が文化庁から提示され、また後述するように、近年の総合調査と関連する事項でもあることから、古文書を文書館が扱っていく上では無視できない部分であるる。

周知のように「公文書館法」における古文書の扱いは、「その他の記録」としてであって、決して主たる扱いではない。それは、前述したように、戦後の史料保存運動が古文書を中心に動き出し、やがて官庁文書の保存にまで広がったものの、文化庁が歴史資料としての古文書の取り扱いを表明した時点で、どちらかといえば運動の比重を官公庁文書（公文書）の保存に置いた形の法体系成立に移行していかざるをえなかったという事実があったようである。

このような史料保存運動の経過を踏まえた上で、改めて次章で取り上げるように、文書館や公文書館が古文書をどのように扱っていくべきかを考えていく必要があるだろう。

（2）　自治体史編さんと文書館

次に法的な措置と並行する形で、公的に古文書を保存するための事業としてこれまで解釈され、実施されてきた事業に自治体史編さんがある。そのピークはいくつかあるが、主として明治から一〇〇年が経過した一九七〇年代から八〇年代に集中しており、この時期はまた、先の史料保存運動の最盛期とも合致している。

自治体史編さんがもたらした古文書資料の保存に関する最大の業績としては、『自治体史』の刊行そのものが市民の目に見える形での行政の功績に繋がるために、何よりも予算規模が大きく、その結果として従来よりも、あらゆる面で古文書の調査が著しく進展した点にあるだろう。

しかし、その一方であくまでも、時限的な刊行を目的とする事業であることから、編さん終了後の体制は、発足時から考えられておらず、組織が解散した後は、収集した古文書資料が散逸するといった例も多く見られる。とくに、都道府県史編さん部門では、編さん終了後に文書館建設に結びついた事例がいくつか見られるが、市町村史編さん部門の場合には終了後に文書館の建設に直接結びついた事例は少数であるといってよい。

実際、埼玉県内における市町村の事例でも、自治体史編さん終了後に文書館、もしくは文書館機能を有した資料館・博物館・図書館に移行できた例は、一割程度に過ぎない[10]。

むしろ、市町村レベルでは、古文書だけを考えるならば、きわめて良好な保存環境の館組織があることと自体が大幅な前進となる。多くの自治体史編さん室では、調査過程で古文書を一時的に収集する展開になることもままあることから、その保管場所に苦慮しており、編さんそのものが終了した時点で、収集した古文書の多くは所蔵者宅へと返却されるケースが多い。

しかし、その後の保存状況にかかるアフターケアが成されてこなかったという実態がある[11]。なかには所蔵者宅では返却時に保存できないなどの理由から再び引き取らざるをえなくなってしまうケースもあり、組織がなくなってしまう自治体史編さん部門にとっては、まさに、その保管場所が頭痛の種となっているのである[12]。

一方、自治体史編さんにおける調査段階で、とくに首長部局に事務局がある編さん室では、調査先で教育委員会との連携がとれていないことなどから、時にはトラブルに発展することもある。

こうした事例は、教育委員会による文化財調査との役割分担ができていないままに、自治体史編さんによる古文書調査が先行して実施された結果によることが多く、このような一連の齟齬《そご》が、編さん終了後の保存にまで影響が出てきている場合も少なくない。

とくに、首長部局による自治体史編さんが終了した時点で、そのまま組織が首長部局に継続されるケースは市町村の場合、きわめてまれであり、たいていは編さん終了後の事務は文化事業として扱われて教育委員会へと引き継がれるケースが多い。

問題は、その後スムースに関係資料が保存・公開へと動いていけばよいのだが、編さんと文化財保護、博物館・資料館・図書館といった機能の違いによって、収集・整理方法の違いが生じ、編さん関係資料が公開にまで至っていないことも多い。

また、本章の趣旨とは若干離れるが、これまで「自治体史編さんから文書館へ」という形での史料保存運動が展開されてきたなかで、編さん段階で公文書の一部を編さん史料として利用するために収集するところが、八〇年代以降になると、はからずも出てきた。そのこと自体は「公文書館法」の視点からすれば非常に喜ばしいことではあったが、「編さん事業と並行して歴史的に重要な公文書を収集した結果、二足の草鞋を履くことになり、結果として肝心の編さん業務全体に影響を及ぼすことになりかねない」と警鐘を鳴らす報告も出されている(13)。

このように、七〇年代〜八〇年代にかけて盛んに実施された自治体史編さん事業によって、これまで確認されていなかった多くの古文書が調査・発掘されるに至り、また一部の自治体では編さんと並行して公文書の収集までをも実施するに至った。

しかし、結果的にそこで行われた調査や収集は、あくまでも自治体史の編さん・刊行という限られた業務の内において実施されたのであって、かかる業務が完了した時点の結末をみる限り、編さん事業で収集したデータや資料の公開までを念頭に置いていなかった所が多かったといえるだろう。

したがって、総体的には編さん事業とは次への組織へと繋ぐことがきわめて困難な業務であるともいえる。換言すれば、自治体史編さん事業が、多額の予算（税金）をかけて調査を実施した割には、刊行物という成果物のみが公開され、多くのデータや資料は住民のために公開されることがないままとなってしまっている現状が多いといっても過言ではない。

ところが、このような問題点が表出しているにもかかわらず、現在も編さん事業を実施しようとする自治体は後を絶たない。また、編さん中の自治体においては、学識経験者を中心に編さん委員会などが組織されていることが多いが、ここでも、編さん内容についての意見は出ても、収集した資料の公開や編さん終了後の組織再編などについては積極的な意見が出てこない実情もあると聞く。

やはり、今日まで自治体史編さんという事業が、あくまでも一過性の記念誌的な事業に陥りがちで、隣村が実施するから当村も実施するといった安易な発想をもって行われることも多かった点にその最大の問題点があったのではなかろうか。

これまでの自治体史編さんに欠けていたのは、まさに「住民からの視点」であり、換言すれば「情報提供（公開）からの視点」ともいえるだろう。自治体史編さんと文書館の連続性を探すならば、この部分でなければならないし、これ以上のものはない。

しかし、これまではどうしても「自治体史編さんから文書館へ」というスローガンのなかに、多くの関係者が編さん業務継続機関としての文書館（史料編纂所や史料館）をイメージしてきたといっても過言ではないだろう。

文書館にとって、自治体史編さんという時限的事業の足跡を市民に公開することは、あくまでも文書館業務の一部分に過ぎないことを、関係者は再認識する必要があろう(14)。

（3）社会状況による関係者の変化と類縁機関による活動

次に、古文書の調査活動と、かかる資料をこれまで保存してきた類縁機関の経緯と現状などについて触れておきたい。

所蔵者の変化　古文書のうち、とくに近世の名主文書を中心とする村方文書《むらかたもんじょ》の調査については、これまで最も身近な調査者として、当然ではあるが古文書の所蔵者がいた。一九六〇年代までは、明治生まれの所蔵者の多くが存命で、少なくとも自分の代で古文書が失われることに抵抗を感じ、また先祖からその内容を語り継がれてきた経緯や「くずし字」が解読できる世代だったこともあって、自身でも興味をもって地域史研究を行い、古文書に接している方々も多かった。

しかし、七〇年代の高度経済成長期が、ちょうど所蔵者の世代交代期と重なったこともあって、先代に続くこの世代が開発などにより住み慣れた土地からつぎつぎと移転した。古文書の解読ができないがゆえに関心を示さなかったこの世代主たちにより、古文書もまた土地から遊離・散逸するという悪循環が起こったのである。

まさに何世代にもわたり連綿と続いてきた所蔵者の名主としての意識の崩壊もそこには見ることができる。

古文書調査の主体――学校教員・文化財担当者による古文書調査　一方、この六〇〜七〇年代の時期に、地方に残る古文書調査の主体を担っていたのが小・中学校を中心とする教員であった。今でこそ、博物館や資料館といった資料保存機関が建設され、市町村にも専門職として学芸員が配置されているが、そうした資料保存機関ができるまでの調査主体は、地域社会の知識層で、かつ児童・生徒の保護者を通じて所蔵者とのパイプもあった教員に一任されていた(15)。

しかし、現在は学校現場の多様化や児童数の減少に伴い、地域学習そのもののあり方も大きく変化し、学校教員も多忙化により、かかる調査事業から遠ざけられてしまっている傾向がある。

その後、教員に代わって古文書調査の主体となったのが、高度経済成長のなかで、開発に伴う埋蔵文化財調査事業が不可避になった結果、各自治体に配置された埋蔵文化財担当者である。なお、七〇年代後半になると各都道府県では、文化財保護の観点から市町村の文化財担当者に依頼して古文書の所在確認調査を実施している。

こうした所在確認調査実施の背景には前述した文化財保護法の「歴史資料」部門設立がリンクしており、その多くは文化庁の補助金をもって成されていることは注目に値する(16)。

文書館類縁機関（図書館・博物館・資料館）**における古文書の取扱い**　類縁機関の動きとしては、まず、一九五〇年に「図書館法」（第二・三条）が制定されたのを契機に、図書館で郷土資料として古文書を取り扱う所が増え、その所在確認調査も都道府県の公立図書館を中心に実施されて、一部が収蔵されるに至ったケースが見られる。

特筆すべきは、これらの図書館のうち、戦前に開館した公立図書館ほど多くの古文書を収蔵していることである。

〔例〕
一八八六年【明治二十九年開館】熊本県立図書館→約一〇万点
一九一八年【大正　七　年開館】福岡県立図書館→約一〇万四〇〇〇点
一九三一年【昭和　六　年開館】山梨県立図書館→約　六万六〇〇〇点
一九五〇年【昭和二十五年開館】福井県立図書館→　四万七〇〇〇点

かかる公立図書館はその後、文書館が併設された福井県をはじめ現在に至っても古文書保存の中核を担っている。(17) このことは、図書館が単なる現在のような閲覧・貸出施設だけでなく、古文書の収蔵施設として戦前から機能していたことを裏付けている。

さらに職員にまで言及すれば、図書館専門職員としての司書のなかに郷土資料部門の専門員が存在し、彼らが「図書館法」の規程のなかで専門職として古文書を取り扱ってきたという点が注目されよう。しかし、現在この状況は著しく変化している。当時は、現在のように図書館が林立状態ではなかったことや図書の管理がデジタル化されていなかった点が幸いし、郷土資料分野における専門的な人材確保も可能であった。

ところが現在では、図書館全体における管理業務がデジタル化・簡素化したことが人員削減に繋がり、ある意味で図書館におけるこの分野の専門性を持った司書の養成自体が著しく後退してしまっている。

結果、郷土資料部門における古文書の取り扱いが冷遇されるに至り、トラブルにまで発展した事例も報告されている。(18)

次に博物館については「博物館法」が図書館法の翌年の一九五一年（昭和二十六）に制定され、同法第二条のなかで、展示資料のなかの古文書として収集されてきた経緯があり、また文化財保護法との関係から、文化財の活用・公開施設として位置づけられてきた側面もある。

さらに、博物館類似施設としての歴史民俗資料館については、前述したように、一九七五年の文化財保護法改正に伴い、市町村レベルにまでその建設が及んだことから、博物館・資料館における民間所在資料の保存・活用が著しく進展した。

これらの博物館施設のなかには、たとえば京都府立丹後郷土資料館【一九七〇年開館】や長崎県立対馬歴史民俗資料館【一九七八年開館】、石川県立歴史博物館【一九八六年開館】のように、文化財としての古文書の保存・活用を目的として積極的にこれらを収集してきた館もある[19]。

ところが、機能が異なるので仕方がないことだが博物館や資料館における古文書の取り扱いは、どうしても展示に偏りがちで、収集方針も「展示資料」を主体とすることから一点主義（指定文化財などの資料中心）に陥りやすい一面を持っている。近年は必ずしもすべての博物館がそうとはいえないものの、文書資料を平等に取り扱い公開していく文書館の平等公開の原則とは異にする感もある。

さらに、かかる施設の専門職員である学芸員をめぐる近年の状況に関していえば、一九七三年に施行され、これまで公立博物館における学芸員基準定数を示唆してきた「公立博物館の設置及び運営に関する基準」[20]の一部が一九九八年（平成十）二月に改正され、具体的な人数の目標が撤廃されるなどされた結果、学芸員を主体とする博物館の運営自体が危ぶまれる状況にある館も出てきている。また、この点はその後、実施された国立博物館施設の独立行政法人化や、二〇二三年の「博物館法」改正の影響も少なからずあることが一部で懸念されている(21)。

いずれにせよ、これまで主として古文書を取り扱ってきた図書館や博物館・資料館では、新たな社会環境の変化や法改正、そして「公文書館法」の施行によって、そこでの活動を支える職員や機能までもが大きく変わろうとしている現実がみられる。

そこには、こうした資料保存関係施設で収蔵されてきた古文書の取り扱いにまで悪影響が及ぶことも少なくはないだろうし、また依然として地域に残されている多くの古文書をどうしたらよいかという最大の課題は山積みされたままである。今後は、こうした状況を踏まえて、この部分についてどのように既存の文書館やその関係者が関わっていくべきかが重要となってくるだろう。

そのためには、まず現在の文書館が活動していく上でその根幹となる「公文書館法」下において、どのように古文書を取り扱っていくべきかを確認しておくことがカギとなる。

次節では、この点から「公文書館法」に依拠した古文書の取り扱いについて、その基本理念から検討していくことにしたい。

3　「公文書館法」での古文書の取り扱い

（1）　収集における基本理念

古文書の位置づけ　まず、「公文書館法」（全文プロローグ参照）における古文書の定義付けから考えてみたい。

「公文書館法」における古文書は、第二条の「公文書等」の定義のなかで、公文書その他の記録のうち、「その他の記録」に「古書・古文書その他私文書」といった形で位置づけられ、この「その他の記録」に関しては、「国又は地方公共団体が保管するもの」が対象となっている。

この部分に関しては、「『公文書等』ということは、公文書中心の考え方であり、古書・古文書・私文書などが副次的・従属的に取扱われている[22]」といった批判や、「古書・古文書等は現に国又は地方公共団体が保管しているもののことであって、必ずしもそれらを今後積極的に収集・保管するものであるという規定にはならない。（中略）現段階では、古文書その他の私文書などの収集・保存は、これまでのとおり各施設の独自の判断で行っていかざるをえないのである[23]」、といった解釈が、公文書館法の成立直後からこれまで何遍となく繰り返されてきた経緯がある。こうした批判や解釈の背景には、第一章第1節で述べた戦後史料保存運動の流れのなかで、古文書の取り扱いが必ずしも関係者の思い通りに至らなかったという不満が形として現われた結果といえよう。

しかし、「公文書中心」という考え方は何も否定されるべきことではない。周知のように戦後の史料保存運動のなかで扱われてきた古文書と呼ばれるものの多くは名主（庄屋）文書や戸長役場文書であり、これらは本来公的機関が引継・管理することが望ましい行政的な内容が多分に含まれていて、現状では民間に所在していることから、民間所在資料＝古文書として扱われ、今日に至っているのである。

実は、この部分こそが「公文書館法」において古文書を扱っていくべき原点であり、文化財保護法における「歴史資料」との大きな相違点なのである。実際、第3条では、「国及び地方公共団体が歴史資料として重要な公文書等の保存・利用に関し、適切な措置を講ずるべき責務を有する」と定めたうえで、その解釈のなかでは「『歴史資料として重要な公文書等』とは、国および地方公共団体が歴史を後代に伝えるために重要な意味を持つ公文書等のことをいうが、それは、具体的に何がそれに該当するかという厳格な客観的基準には本来なじまない性格のものである」としている（傍線筆者）。

よって、歴史資料としての基準は、客観的に定めるのではなく、むしろ柔軟性が求められているのであって、そこには、作成者や作成年代といった細かい判断基準はなじまない。むしろその判断や実際の運営は国や地方公共団体に任されているという点をまず確認しておく必要がある。(24)

また、「積極的に収集するには当たらない」とする解釈については、少なくとも「同法」成立までの国会答弁等を見る限り、決して消極的ではないことがわかるし、(25) その保管場所についても、第2条（定義）の解釈に「国又は地方公共団体であれば、いかなる機関が保管していてもよく……」とあるように、従来のこの任に当たってきた関係機関である公立の図書館や博物館・資料館をむしろ包括する判断であって、決して「これまでの通り各施設の独自の判断で行っていかざるをえない」といった消極的解釈には至らない。

要は、古文書を「歴史資料として重要な公文書等」として再定義し、その保存・利用に関し、国と地方公共団体に責務が課せられたこと自体をきわめて重要なこととして捉えなければならないのである。

収集基準と範囲　では、古文書の具体的な収集範囲についてはどのように考えたらよいだろうか。まず、考えられるのは、前項で述べたように、現状では民間に所在するものの、現在の行政に繋がる継続性を持った文書群であるということである。この点から言えば、各時代の組織体を復元できる江戸時代の藩政（大名）文書や名主（庄屋）文書、明治初年の戸長役場文書・郡役所文書などがその対象となる。

よって、「スーパーのレシート」[26]といったものまでもが「地域資料」となり、文書館が収集していかねばならないと言った近年の論調は、「公文書館法」の理念にはそぐわないことをここでは確認しておく必要がある。

文書館が対象とする資料群の収集に当たっては、たとえば藩政文書であれば、すでに明治以降に旧藩からそのまま都道府県庁に引き継がれているものは、そのまま文書館に移管されるだろうが、図書館や博物館などで保存されているケースもあり、次項で検討するように公開についての統一的基準は成されていないが、その存在自体は把握されている状況にある。

名主文書についても、前述したように、これまで文化財保護や自治体史編さんの視点から悉皆《しっかい》調査が実施された結果、所在確認がされたり、既存の機関によって目録が作成されたりしているケースも多い。(27)そこで、今後、文書館が収集すべき古文書として注視すべきなのは、戸長役場文書であるといえよう。

周知のように戸長役場文書は近世の村制度と近代の役場制度の過渡期としての性格を持ち、その一部は町村役場へと引き継がれて現在の役場に存在している場合もあるが、名主文書とともに保存されている事例が一般的である。しかし、前述した名主文書の調査段階では、時代が新しいという理由だけで漏れてしまっていることもある。

戸長役場では、各地の引継目録によると名主文書を含む多くの史料を評価・選別して保存しており、分類整理は充分ではないが、独自な項目を立てて保存した事例も報告されていることから、(28)戸長役場文書が現代公文書の評価・選別における研究資料としての側面をも有していることは疑いない。

さらに、プライバシー（個人情報保護）の面から言及すれば、戸長役場文書のなかには、戸籍関係の帳簿類が多く含まれており、すでに旧身分に関する差別的記載が見られる一八七二年（明治五）のいわゆる「壬申戸籍」は、一九六八年（昭和四十三）に法務省の通達により閲覧停止措置がとられていることは周知の事実である。近年、「壬申戸籍」がネットオークションに出陳され、ニュースでも取り上げられたことも記憶に新しい。

このように、行政の責任においてその流出を防止し、情報の管理をしなければならない文書が依然として民間に所在している点にこそ、文書館がかかる文書と関わっていかねばならない最大の理由となる。

また、新たな視点からいえば、現代の公文書を補完する古文書の収集が必要となろう。具体的には知事や市長といった旧役職々員の個人文書や労働組合・各種学校・民間団体などの文書である。これらの文書の性格は、ある意味では個人文書や民間団体文書ということから、公文書に対する「私文書」に区分される向きがあるが、たとえば知事が執務中に関係者との連絡を書簡で行えば、その差出や宛所は私人であっても、内容は公的なものを多分に含むものも多いと考えられる(29)。

以前、話題になった長野オリンピック招致委員会関係文書の廃棄に関していえば、問題の委員会自体が時限的な外部団体組織だったために、公文書としての移管措置がとれなかったことが廃棄へと繋がった一因であるとも聞いている(30)。

このように、社会的関心の高い関係機関の文書や地域に立脚した学校・銀行・会社といった組織に関する文書は、たとえそれが民間団体であっても、住民の立場に立って収集する措置を文書館がとる必要があろう。この点は、次項の情報公開との関係からも重要な視点と思われる。

なお、蛇足だが古文書の所蔵権は、あくまでも所蔵者個人や民間団体にあり、決して収集を強制執行することはできない。あくまでも原本の保存は現地（出所地）で行うこと、すなわち「現地保存」が第一義である。よって、文書館では、原本（モノ）だけにとらわれない代替物（マイクロフィルムやデジタル画像など）による民間所在資料の収集も、また重要な業務となることを付け加えておきたい(31)。

（2）　公開における基本理念

「公文書館法」は国の情報公開の動きとリンクして成立したという経緯があり、公開に関しては、まずこの基本理念を押さえておく必要がある[32]。よって、第四条の「閲覧」についても、その解釈では「調査研究が目的である者についてのみそれを認める等、合理的な制限を設けることは妨げないが、目的のいかんにかかわらず、特定範囲の者にだけ開放するというものはここでいう『閲覧』ではない」と言っているように、従来の博物館施設などにありがちだった大学教員らをはじめとする特定研究者のみに公開するといった考えに立脚していないことは明白である。あくまでも公文書館の閲覧者は、国民及び当該地方公共団体の住民であり、その根底には「情報公開」の基本理念が存在していることは疑いない。

換言すれば、国民や地域住民が必要とする情報の継続的な公開と、前項との関係でいえば確実なプライバシーの保護（公の秘密保持）といった両面を文書館は常に求められているともいえよう。

この公開における基本的理念のなかで、古文書の閲覧が地域住民から求められる具体例を挙げるなら、たとえば災害関係文書の提供があるだろう。過去の災害記録を遡って閲覧請求された場合には、当然のことながら江戸時代の名主文書にまで遡及することもありうる。また、そうした情報提供が住民のみにとどまらず、役所の関係部署にまで及ぶことの文書館の存在意義はきわめて大きいといわねばならない。さらに、文書の公開に際しては、近年、国の情報公開法施行に伴い、国立公文書館での公開基準が作成されるに至ったが、古文書の公開に際しても、ケースバイケースではあるものの、公文書の公開基準をある程度参考とすることも可能であろう。

ここで再度確認しておかねばならないのは、古文書の閲覧公開権は、文書館に寄託や寄贈によって収蔵された後も、あくまでも前述したプライバシーや所蔵権の観点から文書館の独断ではなく、寄贈・寄託者からの制限条件があった場合、これを了承する必要があることを忘れてはならない[33]。しかし、永久に閲覧公開しないという行為は、「公文書館法」の基本理念から外れることになる。まさにこの点が、古文書をめぐる公開についての文書館に於ける最大の検討課題といえよう。

（3）保存における基本理念

保存について「公文書館法」では、まず第三条に「保存についての適切な措置」を講じる責務規定を挙げ、第四条で「閲覧」ではなく「保存」を最初に述べて、これに関する調査研究を行うことを目的とする施設であるとしている点からも明らかなように、「保存」にまず重点が置かれていることが着目される。

ここでいう保存とは文書という「モノ」の保存管理と、文書に記録されている「情報」の保存管理の二つが該当しよう。

「モノ」としての文書の保存については、まさに保存環境に尽きるといえるだろう。文書館の保存設備や装備については本章の目的とする所ではないので別の機会に譲る[34]が、文書にとって最適な保存環境を常に考え、対応していくことが重要であろう。

とくに、古文書のなかには、近世の名主文書をはじめさまざまな形態のものも多く、その保存容器などを収集する場合もあり得る。また、近年は古文書も公文書同様、紙媒体だけではなく、マイクロフィルムや電子媒体等の代替物にまで及んでいる。これらの劣化問題等も報じられているが、常に最新の情報を収集し、記録が紛失せぬよう将来の視点にたった適切な保存に努める責務が求められているということになるだろう。

一方、「情報」の保存であるが、これは古文書の場合、館内に収蔵されている文書に関する情報だけがその対象となるだけではないことがまず前提となる。名主文書や戸長役場文書のなかには、現代公文書との連続性というだけでなく、その存在自体が保護されなければならないプライバシー情報を持った文書が多く含まれている。

よって、これらを収集し、保存・管理する必然性が文書館にはあることをすでに述べたが、そうした文書群すべてを文書館が主体となって包括的に収集することは能力的にも不可能であるし、次章で述べるように類縁機関に所在しているものもあり、そのネットワークなしには無理な現状がある。文書館にとって重要なのは、該当する古文書が現在どこに所在し、どのように管理されているのかという「所在・管理情報」をまず調査収集し、そのデータを保存・管理していくことにある。

こうした「情報」を文書館が保存・管理していくことで、たとえば、関係文書が市場に流出することを未然に防ぐこともできるだろうし、災害時の資料救出活動の一助とすることもできるだろう。

しかし、何よりも行政機関としての文書館がそうした地域住民にとって必要かつ保護しなければならない「情報」を適切に保存・管理していくという行為自体が、彼らにとっての信頼や安心に繋がっていくことにもなるのではなかろうか。

ここでは、文書館の古文書に関する「保存」概念が単にモノのみにとどまらないものであることを指摘しておきたい。

4　古文書を遺すための環境整備

(1)　市町村とのネットワーク

都道府県文書館の役割　次に、古文書を将来に遺すための今後の方向性について、考えてみたい。その一つは、都道府県文書館の役割である。現在、冒頭でも述べたように、市町村文書館の設立も全国的に増えつつあり、都道府県文書館においては、設立そのものがほぼ淘汰されている状況にあるといってよいだろう。

古文書を遺すための重要なカギは、都道府県文書館の活動如何にかかっているといっても過言ではない。この点は、各館の設立背景や所管によって事情が異なるが、現状では増え続ける公文書の収集や評価・選別に追われて、古文書に関する活動が滞っている状況にある館も少なくないと聞いている。

重要となるのは、やはり市町村とのネットワークである。民間所在資料の中核を成す名主文書や戸長役場文書の直接的内容は、当該市町村に直接関わるものであり、本来ならば、市町村文書館が当然管理すべき対象であるといえるだろう。

確かにそのとおりではあるが、現実問題としてそれが現状では無理な場合、都道府県文書館が当面その役割を担うことはやむをえない。

また、総合的に判断すれば江戸期では旧郡単位や旧国単位の資料も含まれており、明治期以降では都道府県から市町村へ出された文書もあることから、欠落した時代の都道府県文書を戸長役場文書や旧村役場文書等で補完することも十分可能であり、都道府県行政の継続性を考える上で貴重な歴史資料であることに何ら変わりはない。

要は、かかる資料の重要性を市町村の関係部署に呼びかけて、その保存・管理をバックアップすることが都道府県文書館には求められていよう。

では、具体的にはどのような対策があろうか。

一つは冒頭で大分県先哲史料館の事例を紹介したが、都道府県文書館が主体となって、市町村とともに所在確認調査を実施することである。

ただし、ここでいう「所在確認調査」は、第一章で見てきた文化財保護法にかかる文書確認調査のように所在のみを調査するのとは多少目的が異なる。なぜなら、前述した文化財による所在確認調査段階では、多くの場合、所在を確認するまでにとどまり、その後の所蔵者に対するアフターケアまでは各市町村において成されなかったゆえに、散逸の憂き目にあったという反省があった。

しかし、これからは古文書の収蔵機能を持つ都道府県文書館がその保存・管理までを含めた記録史料の連続性という文化財保護とはまた別の視点から調査し、場合によっては寄託などによる収蔵も含めた「現地保存」のアフターケアを市町村とともに行なっていくというものである。(35)

やはり、都道府県文書館が「現地保存」という立場で活動を展開して行くならば、所蔵者との連絡がとりやすい市町村の担当者とともに、活動していくことが必須条件となる。(36)この点は、次項で検討する市町村博物館などとの連携を考えるうえでも避けては通れないだろう。

もちろん、都道府県文書館がどこまで市町村の古文書に関わっていくべきかという議論については、これまでもさまざまな意見が出されてきた。(37)また近年は、大学や地域研究者が主体となり、資料所蔵者だけでなく、地域住民がボランティアとして参加する調査会活動を展開している例も報告されるなど、都道府県文書館の周囲で、その活動を補佐、あるいは独自の民間所在資料をめぐる現地保存の動きが活発化してきた感もある。(38)

しかし、最終的な現地保存の責任は、あくまでも当該市町村にあるのであり、その啓発と連携なしには所蔵者宅での保存さえもおぼつかない。この点を再確認した上で、さらにかかる調査には、活動成果をまず、所蔵者はもとより、当該市町村や地域住民に還元することや、都道府県文書館との連携が活動の基本原則として求められよう。

都道府県史料協の役割　民間所在資料を遺すためのもう一つの施策として、県と市町村および各市町村間のネットワークを考えていく上で欠かせないのが、資料保存や自治体史編さんを目的とした都道府県単位の連絡協議会（以下、都道府県史料協）の存在である。

都道府県史料協は現在全国に一〇ほど存在している[39]。その組織形態はさまざまであるが、主に市町村の自治体史編さん室や文化財関係機関、博物館や図書館といった組織を超えた会員が加盟しており、現在各地で民間所在資料の保存をめぐる活発な活動が展開されている。

また、都道府県史料協の事務局は、その半数近くが県立文書館にあり、まさに都道府県文書館と市町村がネットワークを構築していく上では、現段階できわめて有効な組織となっているといえる。さらに近年では、都道府県史料協間の交流も活発化してきており、県域を超えた情報交換の輪も広がってきている[40]。

都道府県史料協の活動は、会員間の情報交換や各種研修会の開催、会報の発行といったものにとどまらない。たとえば、古文書の保存に関する活動としては、千葉県史料保存活用連絡協議会（千葉史協）や新潟県歴史資料保存活用連絡協議会（新史料協）のように県内各市町村に所在する古文書の調査を会員である市町村が実施し、その成果をハンドブックとして刊行[41]しているところや、埼玉県地域史料保存活用連絡協議会（埼史協）のように、会員みずからが専門研究委員会を組織して、市町村文書館設立に必要な各種業務をまとめたブックレットの作成や資料保存用品の開発[42]を実施しているところもある。

しかし、都道府県文書館にとっての最大のメリットは、市町村担当者との人的ネットワークがその活動を通して形成されることにある。前述した都道府県文書館が実施する「所在情報調査」を県から市町村への「縦の活動」とすれば、都道府県史料協の活動はまさに県と市町村「横並びの活動」であるといえる。なぜなら、都道府県史料協の活動主体は、組織率からも、そのほとんどが市町村の自治体職員であり、協議会の運営は彼らなしには考えられないのである。

よって、市町村関係者が積極的に協議会活動に参加することにより、違った意味で都道府県文書館の「縦の活動」に対する理解と協力も得られやすくなる。そうした意味においては、とくに所管の弊害により全県的な所在確認調査が実施しにくいといわれる知事部局所管の文書館にあっても、都道府県史料協という組織が市町村教育委員会とのパイプ役を果たしてくれるというメリットがある。[43]とくに今後は地方分権時代を迎えるにあたり、これまでの「縦の活動」だけでは機能しにくくなることが大いに予想される。そうした意味でも、市町村文書館の設立へ向けた都道府県史料協の果たす役割は大きいといえよう。

（2）類縁機関との共通理念の構築

次に、すでに古文書を保存している図書館・博物館・自治体史編さん室といった類縁機関との共通理念の構築について触れておきたい。

まず、大事なのは資料取り扱いの原則（出所・平等・原秩序・原形保存・記録の各原則）[44]を調査収集段階から共通理念とすることである。すでに、この原則が提唱されてから四〇年近くの月日が経過し、文書館施設以外の類縁機関でも、この原則に則った収集・整理が成されてきている。

また、博物館や自治体史編さん室のなかには、資料調査における現状記録法を博物館の共同総合調査に取り入れているところ[45]や、概要調査法を取り入れて悉皆的《しっかいてき》な所在調査を展開している自治体史編さん室[46]もあり、文書館の調査手法が従来の資料に与えた影響も少なくなかったことが知られる。

なお、目録の作成に関しても、近年文書館界では、文書群の階層構造に準じたISAD（G）【国際標準記録史料記述】などに則ることが提唱されて久しいが、いまださまざまな試みが成されており、こと古文書に関しては定着するまでには至っていないという現状もある[47]。

しかし、やはり何らかの目録作成上の共通理念は、他の類縁機関との間で必要となってくるだろう。とくに、コンピュータ情報システムの確立は文書館のみならず類縁機関においても当然のこととなり、インターネットによる目録検索と画像公開もますます盛んとなっている[48]。

そうした状況下で、類縁機関《るいえんきかん》との目録における共通理念を構築していくうえで重要なのは、細かい分類にとらわれないということではなかろうか。文書館と類縁機関の資料を扱う範囲の差異が、そのまま目録上に現われ、利用できなくなってしまうことは避けなければならない。

また、古文書の公開については、やはり「公文書館法」にうたう「閲覧公開《えつらんこうかい》」が、これまで対応が困難とされた博物館施設でも今後は求められてこよう。

ただし、閲覧室などを完備していない博物館施設にとって、かかる行為は機能的にも限界がある点は否めない。よって、文書館との協業も考えられる。具体例としては、文書館が博物館収蔵資料を複製（マイクロ・デジタル化）し、これを文書館で公開していくというものである。

原本は、展示という手法で博物館が公開し、中身を伴う閲覧を複製物で文書館が行うという協業体制の確立こそ、今求められている利用形態ではなかろうか。

さらにこの点は、都道府県文書館が収蔵する民間所在資料の複製〜閲覧化に伴う、市町村博物館への原本返還措置という都道府県と市町村との「現地保存」にかかるネットワークにも応用できる要素を含んでいる[49]。何よりも類縁機関との関係で重要なのは、互いに収蔵している古文書に関する収集および公開に関する情報を常に共有することであろう。

とくに、第二節で述べた収集・公開・保存の基本理念は、「博物館法」における収集・展示・保管とは明らかに異なる「公文書館法」からの視点である。具体的には遺されたモノと文書を一体化した歴史資料とみなし、これを包括的・総合的に取り扱って歴史を再現しようとする博物館に対し、文書館はあくまでも当時の記録としての文書（記録史料）にのみこだわる立場である。

この点は現代公文書（公的記録）との連続性という意味ではきわめて重要な意味を持つが、歴史の再現という点ではモノを扱う博物館より物足りない部分もあるといえるだろう。

よって、前述したあらゆる資料が歴史資料になるという論調は、明らかに博物館の視点に近いものであることがわかるし、換言すれば文書館は、逆に歴史叙述のみに利用を制限されるべき施設ではないことがわかる。

この違いを互いに確認した上で調査収集活動を行い、役割分担していくことこそが互いの機関の存続を保証し、古文書を将来へ遺すための布石となるのではなかろうか[50]。

（3）　法的な保護措置の拡充

最後に、古文書の保護措置に関する現行法での限界を指摘し、今後の方向性を示しておきたい。

現行の「公文書館法」では、先述したように古文書の法的な保護措置が成されていないため、「公共の利益」＝公開と「私権の保護」＝所有権が対立したままとなっている。よって、所蔵者によって売却されて市場に流出したり、焼却されたりしても法的にそうした行為を規制する措置はない。逆に善意の所蔵者は、土蔵《どぞう》を改築して収蔵庫としたり、定期的に曝書《ばくしょ》を行なったりするなど、みずからの費用で所蔵文書に対する保存措置をとっているという現状がある。

文書のケアについては、当該自治体によって文化財に指定でもされないかぎり、その保存に対する行政からの措置は望めない。まさに、文書所蔵者の善意によって、今日まで古文書が現地に伝えられてきたと言っても過言ではない現状がそこにはあり、逆説的にいえば、かかる文書の運命は、所蔵者によって握られてきたともいえる。

しかし、近年は所蔵者の代替わり時に、財産相続をめぐって古文書が財産登録される場合もあり、また文書の所有権をめぐり相続時にトラブルへと発展するケースも見られる。

こうした場合、これまで閲覧公開していた古文書が所蔵者の意向で公開停止となってしまうことや、最終的に寄託文書の場合には返却されて、最悪の場合は売却されてしまうことにも成りかねない(51)。

このような事態を防止する意味でも、何らかの法的措置が望まれるが、現行の法体制のなかでは「文化財保護法」における登録文化財のような制度[52]を適用する程度しか有効な手だては見あたらない。やはり、フランスの「文書保存法[53]」のように「国民的記録遺産」としての古文書の保護を明確にうたう法の確立が情報公開時代の今だからこそ逆に必要になってきている気がしてならない。

現段階では、拙速的な「公文書館法」の改正は現場を混乱させるだけで、避けるべきであろうが、将来的には、公文書との記録の連続性といった性格を持つ古文書については情報公開の視点からも、その保存~公開を視野に入れた法改正も必要となってくるだろう[54]。この点については、記録管理の視点、公文書管理法との関係からも必要である。

ただ、現段階で文書館ができることは、引き続き古文書が有する公文書としての性格を所蔵者に理解してもらうように努めていくとともに、これを散逸させないための保存措置を他の関係機関とも連携をはかりながら実施していくことに集約されるであろう。

5　今後の課題

以上、古文書の文書館における取り扱いについて、私見を述べてきたが、まだまだ課題が多い点は否めない。しかし、以下の二点に今後の活路を見出すことは可能だろう。

まず、最初にいえることは、「公文書館法」のまさに活用である。前述したように「公文書館法」成立以前と以後とでは、古文書を取り巻く環境が大きく変化した。この環境変化は、人によって悪影響とみる向きもあるが、決してそのようなことはない。繰り返しになるが、法的に文書館の位置づけが成されたことの意義や、歴史資料としての公文書保存（＝過去から現代までの公文書を継続して収集・公開）の意義が地方公共団体の責務として規定された点は誠に大きく、その重要性を今一度関係者は嚙み締める必要があるだろう。

かかる点に、古文書を引きつけて考えるならば、これまで歴史的・文化的＝文化財としての価値のみであった同資料に対して、新たに公文書館的な付加価値が生じたわけで、この点は古文書が持つ単なる歴史研究のみにとらわれない資料としての新たな有効性が開眼された契機になったといっても過言ではない。

とくに二〇〇一年（平成十三）四月の国の情報公開法施行に伴い、地方公共団体でも、ますます情報公開の重要性が地域住民にも認識されている。そのような動きのなかで、過去の文書に対する住民の関心も必然的に高まっている。

よって、そうした歴史資料を扱う文書館は、博物館や図書館とは異なる住民の権利を保障する文書記録の収集・保存・公開を永続的に行う行政機関としての役割をも担っているのだということを自認自負する必要がある。そのスタンスのなかで古文書の位置づけも自然と定まってくるのではなかろうか。

二つ目は、生涯学習講座の活用である。現在、古文書解読講座は、どの生涯学習講座のなかでもきわめて高い人気を誇っている(55)。

にもかかわらず、文書館の利用者に直接その受講生が結びついていないという悲しむべき現状がある。

この点は、換言すれば、古文書と地域住民を繋ぐ存在として、文書館の講座そのものが機能していないということの裏返しにもなりかねない。

その要因として考えられるのは、講座の性格からどうしても解読が主となりがちで、文書館がかかる資料を扱う歴史的背景まで理解するには至らないという限界点があるのだろう。

しかし、かつて古文書はそれぞれの土地において作成され、管理されてきたのだという歴史的背景を伝えずして、文書館がこうした講座を実施する意味が他にあるのだろうか。やはり、従来からの解読主体講座の見直しが必要に迫られていると思われてならない。何より、こうした古文書が作成され遺されてきた歴史的背景を地域住民に講座を通して伝えていくことが、いま再び「公文書館法」以後の文書館にとって古文書の必然性を理解してもらううえで重要なのである。

まして、今後は「現地保存」の視点に立った古文書の保存活動を文書館が展開していくのならば、その際に必要となる外部の理解も、こうした古文書講座などを有効に活用していくことでかなり深まるのではなかろうか。

また、所蔵者と地域住民（新住民）との資料解読を通じた新たな地域的な人間関係を構築していくことも可能である。そういった点で、生涯学習活動への文書館の関わりは、方法さえ誤らなければ古文書の有効性と有用性を普及していくために有効な手段といえる。

文書館における古文書の取り扱いは、現段階では各館によってさまざまな格差があるかも知れない。しかし、過去から現代までの公文書公開機関としての機能は「公文書館法」を拠り所として共通しているといえるだろう。

今後は、公文書と古文書を単に公・私で分けるのではなく、地域住民の視点に立った「何を収集すべきか、遺すべきは何か」を常に考える活動が文書館には求められてこよう。その活動が認知されたとき、はじめて地域社会にとってかけがえのない施設として文書館が存在することになる。

註

(1)　水口政次「都道府県文書館管理規程からみた10年の変化と問題」(『全史料協会報』四三号、一九九八年)。なお、文書館をめぐる動向をまとめたものとして拙稿「地域社会と文書館—近年の文書館をめぐる動向—」(地方史研究協議会編『21世紀の文化行政—地域資料の保存と活用—』名著出版、二〇〇一年)および本書Ⅲ—第二章を参照されたい。

(2)　たとえば、筆者が所属する埼玉県立文書館の場合は、「公文書館法」施行以前の一九六九年(昭和四十四)の開館であり、教育委員会の機関である県立図書館の内部組織として誕生した。時代的にはまさに戦後の史料保存運動の影響下のもとに誕生した館である。よって、設立当初は県内の古文書資料の収集に積極的に取り組んだ点は否めないが、いち早く明治〜昭和初期にかけての行政文書(永年保存文書)の管理委任が実現し、その公開に踏み切った点は高く評価したい。

なお、同様に広島県立文書館の設立経緯を述べたものに西向宏介「地方自治体文書館の性格について—広島県立文書館設立史の考察—」(『広島県立文書館紀要』第六号、二〇〇一年)がある。

(3)　歴史資料救済活動については、NGO救援連絡会議文化情報部・阪神大震災対策歴史学会連絡会(資料ネット）・文化庁文化財等救援委員会（文化財レスキュー）、その他関係機関による活動がさまざまな形で展開された。その活動内容や評価については、震災後に多くの論議が成されており、ここで取り上げるには枚挙にいとまがないが、かかる活動全体を時系列的にまとめたものとして、藤田明良「阪神大震災と歴史資料救出活動（一）～（四）」（『日本史研究』三九二～三九五号、一九九五年）があり、また、震災時に歴史資料を所蔵していた家々や歴史資料が所在する自治体（神戸市）が、市民の歴史意識を調査したアンケート結果から当時の市民意識を報告した論考として、坂江渉「歴史研究と市民の歴史意識―被災地神戸での歴史資料の救済・保存活動を通じて―」（『記録と史料』八、一九九七年）がある。なお、二〇一一年三月に発生した東日本大震災を画期として史料ネット間の広域連携体制も構築されている。詳細は、天野真志・後藤真『地域歴史文化継承ガイドブック付・全国資料ネット総覧』（文学通信、二〇二二年）参照。

（4）　二〇〇〇年（平成十三）二月一日付『大分合同新聞』朝刊記事、および平井義人「『記録資料所在調査事業』と地域史料の保存・活用」（『第二六回全国歴史資料保存利用機関連絡協議会全国大会（大分大会）資料』同協議会、二〇〇〇年所収。以下、全国歴史資料保存利用機関連絡協議会は、「全史料協」と略す。なお、同「アンケートに見る地域史料調査事業の全国的趨勢と問題点（『（大分県立）史料館紀要』第六号、二〇〇一年）も参照されたい。

（5）　埼玉県でも一九九九年から文書調査員制度を改定し、埼玉県教育委員会が一九七三年度から四年間にわたって実施した古文書緊急調査の結果まとめられた『埼玉県古文書所在確認調査目録』（埼玉県教育委員会、一九七八年）に掲載されている民間所在文書の追跡調査を行なった。その結果、実に五〇％の家で世代交代があり、所在不明文書も一三％を占めるという結果が出た。約三〇年という時間経過の間に社会的環境が大きく変化し、資料がその影響をいかに受けたかをこの数値は物語っている。なお、詳細は本書Ⅲ—第二章参照。

（6）　全史料協編『日本の文書館運動—全史料協の20年—』（岩田書院、一九八六）所収「史料保存運動資料」による。

（7）　戦後の史料保存運動は、ある意味で調査というよりも「収集」という形を主目的として進められた点に特徴があるといえよう。本章では、近世庶民史料調査委員会を中心にその動きを取り上げたが、ほかに同様の調査活動として、一九四六年には農林省による土地制度史料調査委員会と日本学術振興会による農漁村史料調査委員会の発足、一九四九年には水産庁に置かれた漁業制度資料収集委員会の発足がある（前掲『日本の文書館運動』10～11頁）。なお、漁業制度資料収集委員会の活動とその後の動きや、収集史料の所蔵者への返却などについては、網野善彦『古文書返却の旅』（中公新書、一九九九年）を参照されたい。

（8）　この勧告成立までの背景については、木村礎「『歴史資料保存法』のころ」（『木村礎著作集10　史料の調査と保存』所収、名著出版、一九九七年）に詳述されている。

（9）　第84回国会参議院文教委員会における岩上二郎議員の質問に対する吉久勝美政府委員の答弁による（「第84回国会参議院文教委員会会議録（抄）」〈前掲『日本の文書館運動』所収〉）。

なお、現在は文化庁からの歴史民俗資料館建設にかかる補助金は打ち切られている。この時点において、当時の状況とは歴史資料をとりまく環境は著しく変化しており、その影響も大きい。

（10）　具体的には八潮市立資料館・戸田市アーカイブズセンター・久喜市公文書館・入間市博物館といった機関が挙げられる。しかし、単独館は久喜市公文書館のみで、八潮市や入間市を除けば、他は複合施設というよりも、その機能を有した活動を現段階で展開しているに過ぎず、文書のライフサイクルにおける終焉地としての機関として規程上位置づけられてはいない。なお、八潮市・戸田市・久喜市・入間市両施設の開館までの動向については、遠藤忠「小規模自治体の地域文書館」（『地方史研究』二二五号、一九九〇年）、および「八潮市立資料館運営計画」（『八潮市史研究』一六号、一九九五年）、佐藤勝巳「戸田市における文書保存とその管理」（『（戸田市立博物館）研究紀要』三号、一九九八年）、飛高守「久喜市公文書館の活動」（『八潮市史研究』一四号、一九九三年）、工藤宏「入間市博物館の文書館的機能導入の経緯その現状と課題」（『記録と史料』七、一九八六年）をそれぞれ参照。なお、さいたま市アーカイブズセンターが、二〇一四年にオープンしたが、現状は市史編さん事業が中心となっている。今後のアーカイブズ機能の充実に期したい。

(11)　現地保存上のさまざまな問題点については、拙稿「史料の現地保存における諸問題」（『地方史研究』二五〇号、一九九四年）参照。

(12)　逆に保管スペースがないことを楯にとって、文書館施設建設の理由にしようとする政治的動きがあることも否めない。しかし、必ずしも適切とはいえない保存環境に資料自体を長い間置いておくことは危険行為になりかねないので、保存環境に対する配慮が求められる。

(13)　佐藤勝巳「地域文書館の創造に向けて—特に市町村文書館創造への展望—」（前掲『記録と史料』七所収）

(14)　もちろん、すべての自治体史編さんがこのような中途半端な形で終了しているわけではない。自治体史編さんから文書館の建設に結びついた神奈川県藤沢市や埼玉県八潮市のように、編さん委員会発足時からの文書館構想が見事に結実した例も見られる。しかし、その多くは市民レベルから持ち上がった発想ではなく、自治体史編さん関係者と首長らの熱意によるものである。この点が、今後かかる流れでハコモノを建設していくときのキーポイントになろう。また、ハコモノに結びついていかないまでも、調査した結果を『史料所在目録』のような形で公刊している自治体史編さん室もある。要は、住民に対して目に見える形での調査活動報告が成されているか否かが重要なのである。なお、編さん事業そのものを「修史事業」として位置付け、組織的な継続性を可能にするとともに、歴史資料として重要な公文書を収集しているとした埼玉県春日部市の事例もある（同市ホームページ「第二次春日部市史編さん事業計画」参照）。

(15) 実際、この時期の地方史雑誌の投稿者を見るとほとんどが公立小・中学校教員で占められている。現在こそ、学校現場の変革とともに、その役割は徐々に他職種と分担されつつあるが、当時は彼らが古文書の現地保存に関する主戦力だったことが、ここからもうかがえる。

(16) 埼玉県では、一九七三年から四ヵ年にわたって「古文書緊急調査」を実施、その後文化庁から補助金を受けてさらに県下全域に補完調査を行い、その結果を前掲『埼玉県古文書所在確認調査目録』として刊行している。

また他県の例では、熊本県教育委員会が一九七九年に『熊本県古文書所在確認』を、山口県教育委員会が一九八〇年に『山口県古文書所在確認調査報告書』をそれぞれ文化庁の国庫補助金を得て調査・刊行している。

(17) 埼玉県地域史料保存活用連絡協議会（以下、「埼史協」と略す）が一九九三年に実施したアンケート結果（埼史協編『地域文書館の設立に向けて四地域史料の保存と管理』所収、埼史協、一九九四年、30〜31頁）による。なお、市町村立館では、岐阜県大垣市民図書館や群馬県館林市立図書館、埼玉県越谷市立図書館、東京都小平市立図書館などが開館当初から古文書を積極的に取り扱っている（前掲の埼史協アンケート結果より）。

なお、市町村図書館における郷土資料の取り扱いについては、『中小都市における公共図書館の運営―中小公共図書館運営基準委員会報告―』（日本図書館協会、一九六三年）があり、「中小レポート」と称されて現在も関係者間で読み継がれている。市町村図書館が古文書にどう関わっていくべきかが書かれており参考となる。

(18) この点は、徳島県で起こった公立図書館における史料管理上の問題が指摘されている。詳細は、徳島地方史研究会史料保存問題特別委員会「史料の保存と利用を考える―井上家所蔵者井上氏へのインタビュー取材から―」（『史窓』第二七号、一九八七年）、および立石恵嗣「古文書の『寄託』に関する一考察」（『アーカイブズ』第三号、二〇〇〇年）参照。

なお、前掲註(17)の「中小レポート」のなかでも、郷土資料が古記録や近世資料に偏重する傾向に対して警鐘を鳴らしている。

(19) 前掲註(17)埼史協のアンケート結果による。

(20) 「同基準」第一二条一項には、「都道府県及び指定都市の設置する博物館には、一七人以上の学芸員又は学芸員補を置くものとし、市（指定都市を除く）町村の設置する博物館には、六人以上の学芸員又は学芸員補を置くものとする」とある。

(21) 二〇二三年四月の博物館法の改正の影響について具体的には、第十三条で設置にあたり必要な数の学芸員を置くものとしているが、具体的な学芸員の人数は示されていない点があげられる。

(22) 大野瑞男「公文書館法と文書館」（『歴史評論』四九三、一九八八年）。

(23) 高橋実「公文書館法と自治体の文書保存問題」（『日立史苑』第一四号、一九九〇年、のちに同氏『文書館運動の周辺』岩田書院、一九九六年に所収）。

(24)　実際、公立文書館の業務が「公文書館法」を超えて規定されている例は多い。「公文書館法」施行後の例としては、鈴江英一「文書館の業務と公文書館法—秋田県公文書館条例等の規定をめぐって—」(『秋大史学』四〇号、一九九四年)参照。

(25)　岩上二郎『公文書館への道』(共同編集室、一九八八年)61〜120頁。

(26)　中野等「『地域資料』あるいは『古文書』について」(『読売新聞』二〇〇〇年十月二十六日付夕刊文化欄)。このなかで同氏は、「地域資料」の概念についても若干誤解されている。「文字」のかたちで残った歴史資料＝「地域資料」という定義は、少なくともこれまで文書館界ではないといってよい。ちなみに埼史協では、かかる対象資料を「地域史料」と定義している点を確認しておきたい(前掲『地域史料の保存と管理』15頁)。

(27)　しかし、名主文書については、その執務場所が所蔵者宅であったこともあって、家の文書(私文書)と村の文書(公文書)の区分がされにくいものがあり、また書籍が文書と一緒に数多く存在している場合も見られることから、これらを一括した文書群として扱うことに対して批判的な意見もある。この点についての見解を整理されたものとして、塚本学「文字史料の整理をめぐる問題若干—福留家文書目録の作成を終えて—」(『国立歴史民俗博物館研究報告』第四五集、一九九二年)がある。

(28)　丑木幸男「戸長役場史料論(一)(四)」(『史料館研究紀要』第二四・二六・二七号、一九九三・九五・九七)。その後、同『戸長役場史料の研究』(岩田書院、二〇〇五年)に所収。なお、戸長役場史料の総括的研究が皆無だった状況下にあって、前記論文は高く評価されよう。

(29)　実際、埼玉県の場合、明治期の歴代知事宛文書も公文書として扱われ、現在に至っている(埼玉県立文書館編『平成二年度第三回収蔵文書展知事への手紙(明治編)』図録、同館、二〇〇一年を参照)。この点は、「公文書管理法」施行時に、個人や団体から関係文書を寄託・寄贈する制度や規則が新たに設けられている。

(30) 二〇二一年開催の東京オリンピック招致委員会の文書については、東京都が条例（「東京オリンピック・パラリンピック競技大会に係る文書等の保管及び承継に関する条例」）を設置している。なお、組織委員会のポータルにて入札結果を公表している。

(31) この点は、後述する博物館と文書館の収集時における役割分担とも関わってくる問題であり、文書館が外国のArchivesを追認する「ブンショカン」か、モノである文書（もんじょ）に着目する「モンジョカン」かの呼称にも影響を与えているとする解釈もある（自治体大学校地方行政研究会監修『市町村の実務と課題　五　文書課』ぎょうせい、一九九二年、220頁）。

(32) 以下、国会答弁から関係する部分を抜粋する。【第94回国会参議院地方行政委員会における岩上議員質疑】「特に、最近は知る権利の問題あるいは情報公開の制定を急ぐべきではないだろうか、こんなふうなことを言われる。しかし、その行政資料を一体どう整理したらいいのか、どう分類したらいいのか、同和問題等々、ある民族的な一つの具体的な内容を抱えている日本として、秘密はどう守ったらいいのか、どこまで公開したらいいのか、そういう判断さえもつきかねている中で、やはり住民の側から見れば、知る権利、これを一日も早く指導する必要があるんじゃないかと……」（前掲『公文書館への道』84頁）、【第95回国会参議院予算委員会質疑における国務大臣の答弁】「公文書の整理並びに保存の問題は、情報公開制度の機能を十分に発揮する観点からも非常に大事な問題だと、こう思っております」（前掲『公文書館への道』89頁）。

(33) この点は、二〇〇〇年十月一日に施行された「国立公文書館利用規則」中の第三条の2一二が該当しよう。なお、同規則では第三条の2関係の別表によって、公開までの基準となる閲覧対象文書の経過年数が提示されているがこと民間所在資料に関してはこの基準が即あてはまるケースは希だろう。その理由は、都道府県や市町村といった行政規模の問題だけでなく、寄託・寄贈者の意向や収蔵時の政治的・社会的状況によって大きく変化するであろうことを付記しておきたい。その一例として、埼玉県立文書館では、現在、通常なら公開されないであろう被差別部落の文書群である「鈴木家文書」を閲覧公開しているが、その契機となったのは『埼玉県部落問題関係史料集鈴木家文書（全五巻）』（一九七七～七九年）が埼玉県教育委員会によって公刊されたことによる。

(34)　文書館における保存全般については、前掲『地域史料の保存と管理』参照。

(35)　こうした都道府県文書館が市町村と「現地保存」を視野に入れた調査を行なっている実践例としては、山本幸俊「地域史料の保存と文書館—新潟県立文書館、史料所在調査の試み—」（『新潟県立文書館研究紀要』第七号、一九九四年）その後、同『近世の村落と地域史料保存』（高志書院、二〇一四年）所収、および龍野直樹「地域資料保存事業への思考と試行」（『和歌山県立文書館紀要』第六号、二〇〇一年）参照。両者はまったく異なる立場・視点から古文書の保存を訴えるが、本質的な部分では共通理解が得られる。

(36)　ここでいう、市町村担当者として想定されるのは、やはり文化財担当者となろう。ただし、この点については、教育委員会所管の都道府県文書館にとっては連携を取りやすいが、知事部局所管の文書館では、連絡系統が異なるために連携が取りにくいといった話を聞く。

しかし、博物館法も改正され、今後は知事部局所管の博物館も各地で増加している今、所管にこだわるよりも、活動内容で市町村に判断してもらうことこそが重要であろう。その際に設立経過を踏まえた「公文書館法」の趣旨が生きてくる部分も大いにあると考えられる。また、後述する都道府県史料協も一考に値する。なお、市町村との調査を実施するにあたり、「現地保存」の考え方からその収集・整理までに関する全般的な概説として、鎌田和栄「地域でおこなう文書資料の整理と保存—地域における資料保存体制の確立に向けて—」（『和歌山県立文書館紀要』四、一九九八年）がある。

(37)　岡崎久次郎「続新潟からの提唱—全史料協新潟大会の残照—」（前掲『新潟文書館研究紀要』第七号）では、「情報センターとしての（県立）文書館」「市町村を結ぶ核（としての県立文書館）」といった前掲註(35)山本論文での論旨を取り上げ、そこまでの役割が県立文書館には存在しないと明言している。確かに、岡崎氏の言うように都道府県文書館の役割が拡大していけば、最終的には市町村に関係する文書の収奪や市場に流出した文書の購入義務といった点にまで発展しかねないという懸念がある点は否めない。しかし、市町村を取り巻く民間所在資料保存の現況や、岡崎氏自身も提唱する「公文書館法」の普及を鑑みるに、都道府県文書館の役割といったものは山本氏のように積極的にとはいわないまでも、かなり重要かつ大きいものであると考える。

(38)　文書館の調査活動を補佐する意味で発足した調査会に「越佐歴史資料調査会」、大学を核とした地域研究者による調査会として、「房総史料調査会」や「甲州史料調査会」がある。各調査会活動の詳細については、長谷川伸「地域と歩む史料保存活動—越佐歴史資料調査会の活動を中心に—」（前掲『新潟県立文書館研究紀要』第七号）、越佐歴史資料調査会編『地域と歩む資料保存活動』（岩田書院、二〇〇三年）、立野晃「房総史料調査会の活動について」（『記録と史料』五、一九九四年）、甲州史料調査会「甲州史料調査会の活動について」（前掲『記録と史料』五）参照。

(39)　全国の都道府県史料協組織の特徴や埼史協の活動については、拙稿「都道府県史料協の成果と課題—埼玉県地域史料保存活用連絡協議会の最近の活動から—」（『（埼玉県立文書館）文書館紀要』第一二号、一九九九年）参照。なお、県史料協の数は当時より減少している。

(40) 前掲註(39)拙稿、および鈴木一哉氏「関東圏における都道府県史料協の会報発行状況について」（『記録と史料』一〇、二〇〇〇年）参照。

(41) 千葉県史料保存活用連絡協議会（以下、「千葉史協」と略す）編『千葉県市町村史料保存活動ハンドブック千葉史協資料集その1・その2』（同史料協、一九九八・九九）。新史料協議編『古文書保存・整理の手引き』（初版二〇〇八年、初版その後、二〇一七年改訂版）。なお、新潟県内の史料保存活動としては、越佐歴史資料調査会の活動が特筆される。詳細は、註(38)および国会編『地域と歩む史料保存活動』（二〇〇三年、岩田書院）参照。

(42) 埼史協では、会員のなかから専門研究委員会を組織し、これまで八冊のブックレット（『地域文書館の設立に向けて一～八』）を発行している。また、会員から希望サイズをとり、保存用の中性紙段ボール箱「地域史料保存箱」を開発、頒布している。なお、同協議会では別に災害対策用の「地域史料保存箱」が事務局のある埼玉県立文書館ほか県内三ヵ所に備蓄されており、いざという時には埼玉県内のみならず、全国の被災地に無償配布する制度が整っている。この制度により、各地の水害被災地や東日本大震災をはじめ震災被災地の文書館に提供した。詳細については先のブックレット七『地域史料の防災対策』参照。

(43) ちなみに、公文書管理法以後は知事部局文書館が主流となっており、市町村教育委員会機関との連携が課題となっている。とくに防災の視点からの取り組みとして、近年の鳥取県の事例は参考になる。

(44) 国文学研究資料館史料館編『史料の整理と管理』（岩波書店、一九八八年）および大藤修・安藤正人『史料保存と文書館学』（吉川弘文館、一九八六年）による。

(45) 現状記録法については、吉田伸之「現状記録の方法について」および同「【補論】現状記録論をめぐっ

て」（『近世房総地域史研究』所収、東京大学出版会、一九九九年）を参照。

なお、この記録法を応用した香川県歴史博物館準備室の総合調査結果については、香川県教育委員会編『歴史博物館整備に伴う収蔵資料目録』および『歴史博物館整備に伴う資料調査概報』（いずれも同教育委員会、一九九七年）参照。

(46) 概要調査法については、牛久市史編さん委員会『牛久市小坂・斎藤家文書概要調査報告書』（牛久市、一九九三年）および高橋実「文書調査の現段階」（『講座今日の古文書学12　史料保存と文書館』雄山閣、二〇〇〇年）参照。

なお、この調査法を取り入れている最近の自治体史編纂室として、亀岡市史編さん室がある（上甲典子「概要調査は使えるか―大量に文書が残る関西で―」第53回全史料協近畿部会近世古文書研究会レジュメ、二〇〇〇年）。

(47) 長沢洋「記述標準化の前提について―ISAD（G）と記録史料記述と目録―」（『広島県立文書館紀要』第五号、一九九九年）、および龍野直樹「書評と紹介　安藤正人著『記録史料学と現代』」（『記録と史料』九、一九九八年）。近年の動向については、寺澤正直「アーカイブズ記述の国際基準に関する近年の動き」（『アーカイブズ学研究』25、二〇一六年）参照。

(48) 国立公文書館のデジタルアーカイブでは国や都府県を含む三〇機関のデータベースも横断検索することができる。

(49) 拙稿「古文書史料の保存と利用」（『埼玉県立文書館紀要』第八号、一九九五年）。

(50) この基本的機能の違いが確認されないばかりに、資料の争奪戦、あるいは押し付け合いといった悲しむべき行為が博物館と文書館の間で繰り広げられたこともある。

なお、本章では触れなかったが、文書館の専門職についても同様なことがいえるのではないだろうか。具体的には、「博物館法」により学芸員の活動内容は定められ、「公文書館法」によってアーキビストの活動は規定されている。

(51) こうした一連の動きの背景に、テレビ番組によるお宝鑑定ブームがあることは否めない。しかし、市場に流出した結果として当該自治体が関係文書を購入できたという皮肉な一面もあり、一概にこうした行為を否定することはできないといった意見があるのも事実である。ただ、文書館が民間所在資料を購入するという情報が市場価格に多大な影響を与え、かえって散逸を招くという不測の事態も覚悟しておく必要があり、念頭に入れておかねばならない。やはり、そうならないための日頃のケアが最も大事になろう。

(52) 登録文化財制度は、当初は有形文化財の建造物のうち、主に近代建造物をその対象に設けられた制度（「文化財保護法の一部を改正する法律」一九九六年十月一日施行）であるが、現在は二〇〇四年の法改正により、建造物以外も対象となっている。国や自治体の指定文化財より規制は緩やかで、税制面で優遇（地価税および固定資産税の二分の一軽減）を受ける。

(53) 「フランス文書保存法」（国立国会図書館調査立法考査局編『外国の立法』第幻巻三号、一九八二年）参照。なお、古文書の取り扱いは国の事情によって大きく異なるが、外国の場合、ほとんどの国のアーカイブズ法は、古文書に関する何らかの条項を盛り込んでいるといわれる（安藤正人「文書館・公文書館をめぐる外国の法令―ユネスコ研究報告の紹介を中心に―」前掲『公文書館への道』所収）。なお本書Ⅰ―第二章も参照のこと。

(54) 古文書（民間所在資料）の財産権を否定せずに、その調査・公開協力を法的に所蔵者に求めていく考え方は、すでに前述した「歴史資料保存法の制定について」（勧告）のなかの「文書館の業務に関する規定」に、「民間資料の所在機関または所蔵者は、古文書館による資料調査等に対し、協力することとする」（前掲『公文書館への道』264頁）という部分があり参考になる。

（55）　大橋毅顕「埼玉県立文書館における古文書講座の意義」（『文書館紀要』三六、二〇二三年）

二　どこへ行く古文書

1　各地の文書館

二〇〇〇年代に入ると、都道府県立文書館の数も三〇を越え、ここ数年は、市区町村文書館の設立も松本市文書館や板橋区公文書館、天草アーカイブズをはじめ、埼玉県内でも久喜市公文書館などで見られるようになった(1)。こうした動きを見るにつけ、文書館や公文書館が文化施設として一定の認知を受けるかに至った感がある。

実際、「公文書館」や「アーカイブズ」といった言葉自体を巷で見聞きする機会が格段に増えたことは関係者にとって喜ばしい限りである(2)。また、二〇〇三年（平成十五）五月には内閣府に「歴史資料として重要な公文書等の適切な保存と利用の措置等に関する研究会」が発足し、国立公文書館を中心とした公文書館制度の充実を目指した国の取り組みを経て、二〇〇九年六月に「公文書等の管理に関する法律」（以下、本書では「公文書管理法」と略す）が成立し、翌七月に公布された(3)。文書館界においてこの法律を境に、新たな動きが始まったといっても過言ではない。

しかし、その一方で民間に所在する古文書史料（以下古文書とする）の取り扱いをめぐっては、「公文書館法」施行以降、大きな変化が起こっていることも否めない。この点については、最近、現地保存や文書館現場の立場から、さまざまな提言がなされているほか、筆者も若干の提言を行なった経緯がある。(4)また、三郷市史編さん委員会では、「市史編さん十四年と史料保存」と題する座談会を行なったが、そのなかでも古文書の取り扱いをめぐって意見交換が行われている。(5)

本章では、近年の古文書の保存・公開を取り巻く現状と課題を整理した上で、今後の展望についての提言を試みることにしたい。

2　「公文書館法」と日本の文書館

まず、本章の本題に入る前に、このテーマを設定した理由について、説明しておきたい。周知のように「公文書館法」が、一九八八年（昭和六十三）に施行された。この法律が全国的に普及して、まず都道府県に文書館や公文書館ができるに従い、どちらかというとこれまで史料保存という枠の中心に位置づけられていた地域に残る古文書よりも、公文書館法の趣旨にうたわれている行政文書、すなわち官公庁が作成した公文書の管理、あるいは収集・利用を主体にしていこうという流れが中心となった。

それは同法の趣旨に照らせば当然だが、一方では従来から保存の主対象とされてきた古文書の扱いが現場でどのようになっているのかという問題があり、その課題について考察しようというのが本章の最大のテーマでもある。

そこで、まず市民にとって「公文書館」とはどんな施設なのだろうか、どのように認知されているのか、ということを少し考えてみたい。この問題は、多分にその国の国民性にも左右される部分があると思われるので、関連したエピソードを紹介したい。

二〇〇二年（平成十四）に公開された「スターウォーズ　エピソード2」というアメリカ映画にも公文書館（ジェダイ・アーカイブ）が登場する。ある事件を追っていたジェダイの騎士が、現場に残された証拠資料と関係のありそうな「ある星（惑星カミーノ）」の存在を捜しているときに、知人から「公文書館に行けば、すぐに（その星は）見つかるよ」といわれ、「公文書館」へ行ってデータを検索してみたところ、その星に関係するデータがまったく出てこない。そこで職員（アーキビスト？）に聞くと「公文書館のデータにない星は存在しないのです」といわれてしまう。そこで、納得しない騎士がその星が存在していそうな場所まで実際に行ってみると現実にその星は存在しており、現地で目的の資料と関係者に辿《たど》りつけるという内容であった。

この映画のワンシーンからいえることは、ここに登場する「公文書館」というのは、アメリカの公文書館がモデルであって、「スターウォーズ」という映画自体がアメリカ的だと揶揄《やゆ》されているように、公文書館はアメリカ市民にとって身近で必要な機関であるということなのであろう。

そして、公文書館で管理しているデータは、設置者（映画ではジェダイ）が保証する絶対真正なデータであるということをいっているわけだが、逆に映画は、公文書館に存在しない、本当の真実を語るデータが世のなかには実際存在しているのだ、ということを逆説的に物語っているような気もする。

この点を日本に当てはめた場合、これまで公文書館や文書館で収集してきた公文書といわれているものも大丈夫なのだろうかと少し不安になった。この映画では何者か（元老院最高議長）が公文書館にあるその星のデータを改ざんし、証拠隠滅を図ったということが後ほど判明する。日本でも、公文書の隠ぺいや改ざんが行われた、あるいは重要な資料ファイルが廃棄されてしまった、地域住民が情報監査請求したときに該当する文書が出てこない、という事件が日常茶飯事《にちじょうさはんじ》で起こっている。

そうした際に、公文書館や文書館は一体どんな役割を果たしたらいいのだろう、どのような立場に立って公開していけばいいのだろう、公文書、私文書とは何なのだろうか、といろいろと考えさせられる。身近なところでは「公文書館法」が施行されてから、その呼称も問題となっている。公文書館あるいは文書館（ぶんしょかん）と称する館が多いが、「同法」施行以前に設立された館は、ほとんどが文書館（もんじょかん）という名称である。それは古文書を主体としている館という理由もあるが、文書（ぶんしょ）というと現用文書が含まれるため、あえて文書（もんじょ）という言葉のなかに歴史的な「史料」（非現用文書）を扱っている機関であるという意味を持たせ、文書館（もんじょかん）としたという経緯もあったようである。名称のなかにも、そうした文書館設立に関わった人たちの想いも重なっているのである。それが「公文書館法」の施行以降、公文書、要するに公の文書、それが近年の情報公開とあいまって、市民の権利を保証する文書、そして、それが国や県・市町村の行政機関であるというイメージを形成してきた感がある。

結局のところ公文書館とは市民にとって、どういう意味を持つのか、あるいはどのように認知されているのか、という肝心な事は問題視されず、市民の視点からの公文書館論議がなされてこなかった点は反省すべき点であろう(6)。

その一方で、最近は「公文書」あるいは「公文書館」という言葉が先の「アーカイブズ」同様に日常的に使われるようになってきたが、これに対応する「私文書《しぶんしょ》」という言葉や概念がどれだけ認知されているかという点が気にかかる。

実際、「公」文書と「私」文書という概念を分けて使っている館は多い。筆者が勤務する埼玉県立文書館でも収蔵文書の出所別に行政文書担当と、古文書担当とに分けられており、前者は埼玉県が誕生して以来作成されてきた明治初年からの県庁文書＝「公文書」を扱い、後者は民間に所在している（た）、要するに県の関係機関に所在していない文書はすべて＝「私文書」として扱っている。

ところが、その中身によっては、原課で作成されてそのまま文書館に移管や引き継ぎされてきた公文書はよいとして、こうした正規のルートを経ずに、たまたま民間に所在する「公」文書も実はかなり存在している。その一例が、古いところでは郡役所文書であり、また元職員から個人文書として関係史料が持ち込まれることもある。

文書を現在の出所から「公」と「私」とに分ける方法は便宜的であるが、実際は中身で「公」文書なのか、それとも本当に個人に関する記録である「私」文書なのか（実際には不可能であろうが）、それを判断する必要が文書館現場では出てきている。そして、その中身を明確に認識する能力が文書館専門職

（アーキビスト）には求められているのではなかろうか。

3　古文書の保存・公開をめぐる状況

ここでは「公文書館法」施行以降、古文書がどのように扱われてきているのかということをみていくことにしたい。

これまで、古文書は一般的に民間に所在している歴史資料ということで認識されてきたように思う。この認識は、史料を利用する立場である歴史研究者にしてみれば、当然、「大事なもの、保存しなくてはいけないもの」として捉えられてきたが、一般市民は必ずしもそうした認識に立って理解してきたわけではない。

このことを知らしめた一つの契機が、皮肉にも阪神・淡路大震災という大惨事を通して実施された文化財レスキュー事業である。この事業の結果、文化財に指定された古文書や自治体史編さんの調査の中だけで確認された古文書以外にも、倒壊した家屋のなかから多くの古文書が救出され、意外に多くの場所に古文書が眠っていたことが露見した事実はその後に起こった東日本大震災をはじめ、各地の風水害でも同様である。その背景には、何よりも文化庁が主体となってこの事業を立ち上げたということもあり、また同時に民間団体あるいは学会などが動いて「史料ネットワーク」を組織として立ち上げたということも大きな成果であろう(7)。

そうしたさまざまな活動を通して、古文書の所蔵者自身がその存在価値の大きさに気づいたという点は見過ごせない。起こって欲しくないが、もしも災害が起こらなければその存在価値が知られないままに廃棄されていた可能性はかなり高かったろう。

なお、この震災では救われて公的機関などに収蔵された古文書がある反面、ゴミ同然と思っていた古文書がそのまま放置され、所蔵者がその価値を見出せないまま古書店などに買いつけられて流れてしまったものも相当数あるという。この震災によって各家で保存されてきた古文書に明暗が生じた事実をわれわれは忘れてはならないだろう。

もう一つ、近年、古文書の保存に関する重大な報告として大分県と埼玉県が行なった古文書などの所在確認調査の調査結果が注目される。

かつて、一九七〇年代にも全国の都道府県で古文書の所在確認調査が行われたことがある。この調査は、高度経済成長のなかで昔の旧村自体が崩壊していく、要するに村社会がなくなるといった時代に、村が旧村としての原形をとどめている間に古文書の所在確認調査をしようではないかということで実施したもので、国庫補助事業として、各都道府県が史科調査を行なった経緯がある。

その調査時期から約三〇年が経過した今日、当時調査された古文書が現在どのようになっているのだろうかという現状を、大分県の場合は県立先哲史料館が、埼玉県の場合は県立文書館が行なったものである。

その結果、大分県の場合は全県下で二三％もの所蔵者宅から古文書が散逸していたという結果が出ており、埼玉県の場合でも、一九九九〜二〇一二年度に実施した県内全市町村に関するデータでは、九％が不明となっている(8)。

それぞれの市町村の規模、人口などに差があるが、都市近郊と農村部によって差が出ているという結果も出ている。埼玉の調査方法としては、三〇年前に行った家にそのまま古文書が残っているかどうかという確認、そして所蔵者が代わっているかどうか、代替わり（世代交代）が行われたかどうかという確認を行なった。なお、未回答も一一％あり、それが実際不明に限りなく近いのか、それとも本当に未回答なのかわからないが、ある意味で不明＝散逸とすれば約二〇％の文書が三〇年間で何らかの形で不明となっているということになる。

もう一つ重要なデータとしては、三〇年間で所蔵者が変更された家が二三％あるということである。このなかには市町村の資料館などに預けられたケースも含まれるが、一番多いのは代替わりである。それが全体の約四分の一もあるということで、たとえば、ある市の場合一六七家あったうち半分以上にあたる九六家の所蔵者変更があり、さらに不明が三二家もあった。

すなわち、所蔵者変更が行われた段階で不明になった、あるいは引き継がれた当主に興味がなかったので散逸してしまったという可能性もかなり含まれているということを、この数値は物語っている。

三〇年間に所蔵者がいなくなった、あるいは不明になった家の事由を問いてみると、都市部に多く見られたのは、道路拡張などによって転居した、あるいは新しく家を建てかえた、そうした際に古文書の行方がわからなくなってしまったという回答のほか、不慮の火災や盗難というケースもあった。

また、代替わりの際に古文書が失われる主な原因は、所蔵者自身の古文書に対する関心の低さが一番である。その要因は、古文書に何が書かれているのかがわからない世代が増えたということも大きな理由の一つになるかと思われる。

大正や昭和初年生まれの所蔵者は草書体の崩し字がまだ読めた世代であるが、その次の世代はそういった「崩し字」に接する機会が皆無であり、関心がある所蔵者でなければ中身を紐解いて見ることもまずないということになる。

ちなみに、埼玉県内のある町では、興味深いデータを提示している。不明な家がなし、所蔵者変更なしが五家、所蔵者変更が九家の計一四家で、要するにこの三〇年間、人の流出がなく、代替わりはされているが、古文書がきちんと現地に残っているケースである。この町は、山間部にあることから、都市化されていないがゆえに、人の動きもない。そして、過疎化もないことから、そういった環境のなかで、逆に古文書の大切さが受け継がれていく素地が育まれているのかもしれない。地域で古文書が保管されている好例である。

なお、不明という回答に該当する古文書は、その後どのような運命をたどるのか。一つの事例であるが、古書店などに売られてしまった古文書（以下、市場流出古文書）のケースについて触れておきたい。

市場流出古文書のその後については、多くの場合、二通りのケースが考えられる。一つは売られて古書店の目録に出たときに慌てて当該市町村が買い戻すケース。もう一つは、なす術がなく、あきらめるというケースである。この二つのケースにならないためにも、日ごろから古文書の所在確認をしておくということがきわめて重要となろう。こうした反省の積み重ねが、大分県や埼玉県で実施した所在確認調査実施の契機とその後の成果に反映されていることはいうまでもない。

次に、きわめてレアなケースであるが、文書館などの史料保存利用機関に保管されている古文書でも、実は流出してしまうことがあるということを紹介しておこう。

これは、ある機関で収蔵し、古文書の目録も作成されて公開されている古文書であっても、機関に寄贈された文書でないかぎりは、最終的にその運命は所有権や財産権を持つ所蔵者の判断に委ねられているということである。

実際に、近年ある機関で公開されていた古文書が、古書店の売り立て目録に掲載され、売買されてしまったというケースがあった。この古文書は、寄託者である先代の所有者が、全国各地の古書店から買い集めた近世村方文書のコレクションで、当該地域のみならず、貴重な史料として利用者にもよく知られていた存在だった。しかし、次世代の所有者が興味（理解）を示さなかったため、関係者の努力もむなしく売却にストップをかけることができなかったようである。

重要なことは、この売却された古文書は、すでに公的機関で公開されていたものであり、これまでは、目録をもとに閲覧請求すれば、実物を手にとって見ることもできた古文書であるということである。

幸いこの古文書は、現在はマイクロフィルムによる複製公開が実施され、利用に支障は出ていない。しかし、実物を閲覧することは、現在もできないという状況には変わりないのである。

このケースに限らず、古文書が売られる際には、文書館などで文書群として出所原則によって体系的に整理されていたものが、売られる際には、高値がつきそうな冊もの（宗門人別帳や検地帳など）ごとに、しかもバラバラに売られていくということになりやすい。

問題は、売却した所蔵者を責めるのではなく、古文書が市場で堂々と売買されているという日本の古文書をとりまく現状である。古文書、とくに近世以降の村方文書の売買は、文化財として指定にでもなっていないかぎり、法的には何ら問題はない。

古文書の将来は、所蔵者の意向にすべて委ねられているという現状を、ここでは改めて確認しておきたい。

4　古文書を保存している類縁機関

次に、古文書を保存している類縁機関について、これまで古文書をどのように扱ってきたかという経過についてみていきたい。

文書館の類縁機関といえば、図書館・博物館・歴史民俗資料館などがあり、それぞれ「図書館法」「博物館法」、そして歴史民俗資料館に関しては、かつて存在した歴史民俗資料館に関する補助金の制度が設置条例の根幹となっている。

図書館の場合には「図書館法」で、古文書は郷土資料のなかで位置づけられている。「図書館法」ができたばかりのころは、博物館や資料館もなく、包括的にあらゆる郷土に関する資料が扱える文化施設が図書館だったということもあり、図書館に古文書が収蔵されている事例は全国的に見てもかなり多い。とくに戦前にできた図書館には、多くの古文書を持ち、かつ積極的に公開している館も少なくない。ただ、総体的に見ると最近の図書館では、第一章でも述べたように古文書を取り扱うことが少なくなってきており、また郷土資料部門そのものの性格もかなり変化してきている[9]。

なお、博物館では「博物館法」のなかで古文書は扱うべき「歴史に関する資料」として位置づけられており、博物館展示のなかでも古文書が展示されるのは、ごく自然なこととなっている。

しかし、博物館で展示されている古文書が文書館や公文書館のなかで扱われているような閲覧体制になっているのかどうか。あるいは、古文書が体系的な形で収集されているのかどうか。やはり文書館とは異なる機能がある点は否めない。

この点については、二〇〇一年（平成十三）に長野県で開催された全国歴史資料保存利用機関連絡協議会（以下、全史料協）の全国大会で博物館における古文書資料の扱いについての議論があった。そこでは、「歴史」を紙資料である古文書で復元していく行為と、モノで立体的・有機的に復元していくのとでは、歴史の表現方法が異なるのではないかということが論点となった。そのなかでは、博物館が時間軸のなかでトピック的な古文書を収集して扱っていくのに対して、文書館や公文書館は時間軸のなかで時代的に連続して古文書を収集し、扱っていくべきだという意見も出されている[10]。

博物館という施設と文書館という施設を比べた場合には、一方は展示、一方は閲覧という機能の違いが確かに存在する。こうした議論は、両者の古文書収集に対する意識の違いについて相互に考えてこなかったことに対する表れだともいえよう。

歴史民俗資料館は、博物館というよりも、古文書資料・民俗資料など地域に残っている資料を総括的に保存していくことを目的として各地に設立されてきた施設である。とくに一九七〇年代後半から八〇年代にかけては、先の国の補助金制度もあって、市町村を中心に全国各地に盛んにつくられてきた経緯がある。そうした動きのなかで、古文書は家を単位とする文書群として扱って収蔵していくという体系がとられているところが多い。歴史民俗資料館は、展示よりも収蔵を主とするという地域の蔵的なバックボーンがあるからであろう。

このほかに施設ではないが、組織として古文書を何らかの形で保管しているのが、前章でも取り上げた自治体史編さん室である。編さん室自体は本来、古文書を収集する機関ではないが、編さんのための古文書を調査する過程で、手元に集めざるをえないさまざまな事情が生じ、そのまま自治体史編さん室で古文書を保管している例が多く見られる。しかし、編さん事業が終了して、組織が解体してしまうと、保管している古文書の行く先が問題となる。その際に、文書館や類縁機関が受け入れない限り、寄託されている古文書の多くは、所蔵者に再び返還されてしまうことが多いようである(11)。

また、寄贈された古文書の場合でも移管先となる類縁機関で、その取り扱いが問題となる場合もある。公民館あるいは学校の空き教場などでも、古文書がかなり保管されているという実態もあり、これらの実情を踏まえると、現在の古文書が置かれている保存・利用環境は、決して満足のいくものではない。

そこには、関係者がその重要性を認知しながらも、たらい回しにされてしまうという行政組織上の問題点が浮き彫りにされている。やはり、後述するような法的な環境整備が現場から望まれる所以《ゆえん》である。

5 「公文書館法」に期待するもの

本節では、「公文書館法」に期待するものというテーマをあえて挙げてみた。古文書は、さまざまな法律のなかで扱われている。先述したように、「図書館法」や「博物館法」のなかで古文書が取り扱われているが、古文書そのものを保存するための現行法というと、「公文書館法」以前には「文化財保護法」のみであり、そのなかで古文書は保存すべき対象となってきた。

ところが、「文化財保護法」ではカバーできない、あるいはそれでは古文書を群として総括的に保存できないという考えもあり、これまで文書保存に関する法律をつくりたいという動きが戦後の史料保存運動につながっていったという経緯があるのは周知のとおりである[12]。

そこで、この歴史的経過との関連に触れながら、「公文書館法」をいま一度読み直すことによって古文書の保存について考えてみたい。

「公文書館法」のなかに古文書の位置づけについて見えるのは定義部分の第二条となる。この部分において「公文書等」とあるのがその部分に該当する。「公文書等」とは具体的に「国または地方公共団体が保管する公文書」と「その他の記録」に分かれ、古文書は後者に含まれる。そして「その他の記録」とは公文書以外のすべての記録ということで、「公文書等」というのは実は公文書とそのほかの記録、そしてその他の記録のなかに文書（もんじょ）、地図・図面とあって、媒体は問わないとうたわれている。「その他の記録」には古書・古文書、その他、私文書も含まれるということで、ここに古文書が位置づけられているということが、従来いわれてきた定義である。

もう一点、重要なことは「公文書その他の記録は、国又は地方公共団体が保管しているものを指し、国又は地方公共団体であれば、いかなる機関が保管していてもよく、また、他の国又は地方公共団体の機関が作成したものであってもよい」（傍線筆者）という点である。この「公文書その他の記録」で、国または地方公共団体であれば、現段階で保管しているもの、要するに現在その館で所蔵している古文書が、その取り扱うべき対象ということになる。

また、傍線部分を見る限りは、文書館以外の博物館、図書館あるいは歴史民俗資料館といったところであっても、公共機関であれば保管できるという解釈となろう。ただ、国又は地方公共団体が現状で保管しているということが大前提になっている以上、現段階で保管されていないものについては対象外となってしまうということが問題点として指摘されている。ここでは、「公文書館法」において古文書を扱うこと自体は、公共機関であれば問題はないとされていることをまず確認しておきたい。

では、文書館に収蔵されている古文書とは具体的にどういう内容であるべきなのかということが問題となる。「同法」では具体的にこういうものを指すという規定がまったくされていないので、古文書といわれる概念を定めていかなければならないことになる。古文書の概念を規定するのは、どこかということになると、現実には古文書を収蔵している各機関の運用に委ねられているというのが実態であろう。

しかし、「公文書館法」の主体が「公文書」としている以上は、やはり公文書に関連するものに自然と集約されるという点は否めないだろう。よって、文書館の古文書の中核をなしている近世の村方文書《むらかたもんじょ》（名主《なぬし》・庄屋文書《しょうやもんじょ》）が、当然のことながら公文書として含まれているのは実感がある。ここがやはり「公文書館法」における古文書の位置づけの最重要点となろう。

次に、こうした考えに立った場合、現在の古文書所蔵者との問題をどのように考えていくかが課題となる。すなわち、公文書（行政文書）の作成者は公務員で、作成機関は公共機関が前提である。現在では県庁であり、役所であり、役場である。一方の古文書も、二百年前であれば江戸時代の村方文書の作成者は村役人である名主であり、作成機関も、役場機能を兼ねていた名主や庄屋宅となる。

よって、公共機関で作成された公文書である点は変わりなく、現在の役所で公文書が作成されるシステムとも変わりがない。この考えであれば、古文書とは言ってはいるが、名主文書は多分に公共性を有しており、文書館がそうした古文書を主体的に収集する行為は「公文書館法」の趣旨からも問題はないといっても過言ではない。

なお、村方文書を保存していく段階で一つ課題となるのは、そうした公共性のある古文書のなかに含まれる個人のプライバシーに関する文書の保管問題である。この問題は、古文書をなぜ公共機関が保存管理しなくてはいけないのかという点ともリンクする重要な点である。現代のプライバシーに関する公文書も、公開の段階ではさまざまな制約を受けており、古文書関係についても、公文書館や文書館に収蔵されている文書については公開に際して何らかの制約を受けている。しかし、個人宅で所在している古文書の場合には、そうしたプライバシーに関わる古文書がそのまま「私文書」として個人の管理に委ねられている。前述したように、その出所から、個人宅に所蔵されているから「私文書」であり、役所に所在しないから「公文書」ではないという一方的な考え方でくくられてしまうと、公開されるべき個人宅にある「公文書」がプライバシーを理由にまったく公開されない、あるいは逆にプライバシーのある古文書が、理不尽に個人によって公開されてしまっているという問題点も出てきている。

古文書をとりまく問題のなかでは、この点を性急に整理する必要があり、そのことを踏まえた上で現行の「公文書館法」を運用していく必要があるのではないかと思われる。

さらに公文書と古文書との関係について、利用者の視点からも少し触れておきたい。文書館の窓口では、利用者の要望によって、現代の公文書からさかのぼっていって、古文書にまで到達することがよくある。

たとえば、自分の先祖を調べていく、あるいは自分の家の土地を調べていくケースである。ところが、公文書だけを遡っていくとどうしても上限がある。最終的には、県あるいは市区町村ができたところで終わってしまうからで、そこから前のことを調べたいときには、古文書に頼らざるをえないのである。文書館が古文書を収蔵していく理由として必要となるのは、まさにこの部分なのではなかろうか。

この点は「公文書の連続性」という概念規定を考えていく上で重要な部分であり、「公文書館法」でうたわれている「公文書」と「その他の記録（古文書）」はそれぞれが切り離された関係ではなく、お互いに相互補完する関係であるといえよう。依然として、この「公文書館法」に対する古文書の解釈をめぐっては、さまざまな課題があるが、文書館現場からの利用実態としてかかる点を強調しておきたい。

6　古文書を残すために

最後に、古文書を残すにはどうしたらよいかという点について私見を述べておきたい。古文書は、これまでみてきたように文書館やそれ以外の図書館・博物館・歴史民俗資料館といった類縁機関でも扱われてきているが、その多くは所蔵者の努力により個人宅でそれぞれ保存管理されているのが実情であろう。そういった古文書を、今後どのように後世に伝え、残していくかということが本章の課題である。

まず、考えられるのは、古文書が読める、そして理解できる、そこに書かれていることが自分たちにとって利用できるものなのだと、古文書の伝来を踏まえた所蔵者も含め、市民の利用者層を増やしていく必要がある。そのためには博物館や公民館などでも行われている古文書解読講座などの各種講座が有効に機能させることが望まれる。ただし、その際には、解読はもとより、これまで述べてきたような古文書が現在まで地域に伝えられてきた歴史的背景についても正確に教え、理解してもらう工夫が必要である。

また、大学教育における古文書に関する講義の改善も必要となろう。これまで古文書を利用するなら文書館のような公開機関のみを利用するのが当たり前となっているが、それだけではなく、自分が住んでいる地域にも多数の古文書が存在していることを学生に認識させることが肝要である。

三〇〜四〇年前の大学のゼミや研究会では当たり前のように現地調査が行われていたが、近年は教育委員会による文化財調査や自治体史編さんによる調査の影響などもあってか、行われなくなっているようである。ある意味で、そこへ行けば閲覧できるのが当然である文書館の功罪ではあるが、現地保存の視点に立ったとき、この点は今後の課題となろう。

もう一つ考えられるのが法的整備である。この点については、これまでみてきたように「公文書館法」は古文書の保存公開については、必ずしも積極的ではない。そうであれば、他の法律で補完すればよいという意見も近年出てきている。

森本祥子氏は、「公文書館法」は「公文書館」法であり、この法律の基本部分はあくまでも公文書の保存であるので、「その他の記録」に位置づけられている古文書などについては従来の「図書館法」あるいは「博物館法」、「文化財保護法」などをうまく利用して、それぞれの法に規制される館で保存公開していくことを提唱されている。(13) 確かに現行法の範囲ではその通りとなろう。しかし、仮にそうであるとしたら、すでにこれまで相当数の古文書が図書館や博物館で保存公開されてきたはずであるが、現実には必ずしもそうした方向性には至っていないのはなぜだろうか。

この問題は、それぞれの館の機能、あるいは館の運営のなかで古文書を扱うための体系的な組織がまったくできていないということを如実に示している結果なのである。さらに「公文書館法」の施行によって、古文書をまったく扱わないという公文書館も出現し、公文書館の性格がやや偏向的な状態になっているのは、これまでみてきた「公文書館法」の法的な未整備部分がまさに、この部分であることの裏付けであろう。

そこで、「公文書館法」未整備部分を保管するために、古文書そのものの保管を文化財として規定している「文化財保護法」を参照しながら考えていくことにしたい。まず、「文化財保護法」でも古文書は扱われているが、それがどういった扱いなのかということを確認しておこう。

「文化財保護法」第二条で、古文書は、建造物、絵画などと並んで、「古文書その他の有形な文化的所産でわが国にとって歴史上又は芸術上価値の高いもの」（有形文化財）、そして「学術上価値の高い歴史資料」（歴史資料）という二つの形で扱われている。

ここで問題となるのは、芸術上または歴史上価値の高いものというのは、群ではなくて、どちらかというと単品主義に繋がるものである、という指摘である。ただ、近年の文化庁の方針や、文化財に対する一般の認識も変わってきており、文書群による文化財の指定や、近現代の行政文書に対する文化財指定という動きも見られ、その一例として、京都府行政文書や埼玉県行政文書などが国の重要文化財に指定されたことは注目すべき動きである。このような流れは文書館サイドにとっては喜ばしいことではあるが、まだまだ古文書を群として文化財に指定していくというのは緒に着いたばかりである(14)。

なお、「文化財保護法」には注目すべき点として、第三条の文化財保護に対する「政府及び地方公共団体の任務」に関する規定がある。これは「公文書館法」の第三条に書いてある責務規定と比べると、より強制力のあるものになっていることがわかる。「公文書館法」の場合はあくまでも責務規定なので、責任はあくまでも国および地方公共団体の任意にとどまっている。

さらに文化財保護法の第四条には、「国民、所有者等の心構え」として、「一般国民は、政府及び地方公共団体がこの法律の目的を達成するために行う措置に誠実に協力しなければならない」とあり、所蔵者にその保存に対する協力を求める一方で、その三には「関係者の所有権その他の財産権を尊重しなければならない」とあり、所蔵者の所有権および財産権を一方で保障している。

実はこの部分が、民間に所在する古文書を保存する上で「公文書館法」に欠けている部分であり、所有者自身が古文書の重要性を認識し、関係法律の趣旨を理解して協力していこうという体制にならないと、「公文書館法」のなかで古文書を扱っていく理由説明にならないのである。

諸外国の公文書館法に類する「文書館法（ぶんしょかんほう）」のなかには所蔵者との関係を明記してある法律がかなりあり、とくにフランスの「文書保存法」で、記録というもの自体に網をかけようとしている姿勢もみられる(15)。記録というものすべてに網をかけてしまえば、そのなかに公文書も私文書もすべて含まれてしまう。

しかし、日本やイギリスの場合もそうだが、記録というものをあくまでも公的機関に所在する公文書のみに限定する、そういう規定にしてしまうと、ごく限られた記録だけになってしまうという考え方は、今後法整備を行っていく上での焦点となるだろう。

以下、もう少しフランスの「文書保存法」についてみていくことにしよう。フランスの場合は、国民性なのか、文化遺産として記録を総体的に扱っていこうという発想があるようである。フランスで個人宅の古文書を収集する方法としては二とおりあり、一つは、文書館に寄贈・寄託する事を大原則とし、そこで一回網をかける方法である。ただし、財産権は否定しないので、売却することも可能という。これは今の日本の場合とほぼ同じ方法である。

もう一つの方法は、個人宅で保管している古文書のすべてに保護規定をかけてしまう方法がある。その際には登録制度を設けて、そこに登録されているものは個人所蔵の古文書でも自由に売却できないようにしてしまう措置がとられている。しかもすべての古文書に一度に網をかけるのではなくて、段階的に重要なものから順に網をかけるという、いわゆる日本の文化財指定に準じる登録文化財制度のような形を採用している。それが文化財保護法の枠ではなくて、「文書保存法」の枠のなかで古文書の財産権保護を含めて規定している。ここが、「同法」の特徴となっている。このことは、フランス人の国の文化に対する考え方、ひいては文書記録に対する考え方を端的に示しているといえるだろう。

日本の場合、藩政文書や村方文書の多くが、体系的に公的機関では保存されてきておらず、組織の廃止や合併を繰り返していくなかで散在し、最終的に役職にあった個人宅にその保存が委ねられているという歴史的変遷がある。

しかし、それらの文書群が文化遺産としての国民的価値を有している以上、個人宅で所蔵されている古文書に対する網かけを法により対処していくべき新たな時期に来ているのではなかろうか。そうした法体系ができたところで、初めて森本氏が言われるように、それぞれの古文書を保管している館が、その法律（「歴史文書保存法」のようなもの）の考え方にのっとって保存あるいは公開をしていくことができるのではないかと思う。

7　市町村合併と古文書

次に、文書館における古文書の保存公開をめぐって一つの基本理念を提示しておきたい。それは歴史の「連続性」と「普遍性」ということである。すなわち、公文書館や文書館という機関のなかで史料を扱っている職員にとって、常に歴史というものは連続的に繋がっており、切れることはないという最も基本的な理念である。

人々の歩みも江戸時代や明治時代で終わりということではなく、さらに現在から未来の子孫へと普遍的に繋がっている。そうした人々の過去から未来への営みを繋げていくためには、その足跡を示す文書史料が残されていないと繋がらない。どんな組織に属している人たちも、この最も基本的なことを頭に入れて職務を執行していく必要性があるだろう。

実は、この点を最初に言及したのは、他ならぬ自治体史編さん関係者ではないかと思われる。たとえば、編さん資料を編んでいく段階で、昭和の何年代から何年代までの行政文書などが廃棄されて役場に残っていなかったとする。よって、この時代の記述が一次史料からはできないので、当時の新聞から引用して済ませることになる。結果、近現代部分の記述に関しては、みな同じ新聞記事に拠っていたというケースも見られた。しかし、一方で、行政文書が残されていた自治体では、そうした行政文書を利用して自治体史が編まれ、時代の空白部分がない自治体史が刊行されている。

こうした例からも、「公文書館法」ができたということはとても大きなことではあるが、「同法」を生かすも殺すも現状では、文書を扱う人たちの意識に委ねられているというのが実態であろう。とくに、どの館でも収集方針を立てるときなどは、収蔵スペースなど物理的諸条件の規制を受け、この基本的な理念が忘れられてしまうことが恐ろしい。

なお、ここまで、民間に所在する「古文書」、その古文書という概念は主に公的性格を持った名主文書や戸長役場《こちょうやくば》文書《もんじょ》で、これは現代の公文書と繋がっているということを述べてきたが、この「古文書」という概念のなかに、いわゆる当該地方や地域にゆかりのある民間企業や団体関係の文書も含めていく必要があるように思う。

二〇〇二年（平成十四）十月に全史料協関東部会の月例会で、企業関係者と史料保存について意見を交換する機会があったが、その席上では、たとえ民間企業の文書であっても、やはり公開されるべき文書は公開すべきではないかという意見が出された。

かつて、NHKの「プロジェクトX」という番組が注目されたように、民間企業が開発したものであっても、国民やその地方・地域に大きな影響を与えた開発事業も多くあり、そういった事業にかかわる文書は、当該企業だけで管理するものではなく、国や地域の文化遺産として保存し、いずれは公開する必要性があるのではないかという点である。この点は、すでに指定文化財の範疇《はんちゅう》に近代化遺産として企業史料の保存が実現されており、先の「知の文化遺産」という視点からもきわめて重要な動きであろう。

そうした際に、文書館が積極的に関わっていくのか否か、この点は文書館だけでなく、モノ資料を包括する意味で博物館も対象となるだろう。そうした公共の資料保存利用機関同士の連携した動きも必要となろう。ちなみに、新潟県立文書館は地元銀行の資料整理に際し、アドバイスをしたり、バックアップ体制をとったりしているという。(16)官民の協力体制が実現した好例であろう。民間企業文書のなかの公共性ということを市民に訴えていくことも、今後は企業の戦略として重要となってくるのではなかろうか。企業秘密や企業の特許制などから公開が難しい面は多々あるとは思うが、今後の情報公開なども含めて企業努力していくことも大切であろう。(17)

最後に、古文書をとりまく緊急の課題について述べておきたい。先立って歴史の空白地帯ができるという点と、文書が断片的にしか残されておらず、繋がらないことが歴史の連続性、普遍性を脅かす存在であると述べた。そうした弊害となる要因として、自然災害や戦争といったことがまず考えられるが、身近に起こりうる要因として考えられるのが市町村合併である。

一九五三年（昭和二十八）に「市町村合併促進法」が出された関係で、昭和の大合併が行われ、その際にかなりの自治体公文書が廃棄されて失われたという経緯があった。その結果、自治体史編さんが後にその時代を、公文書（行政文書）を史料として復原しようとしたときに先述したごとく困ってしまったケースが少なくなかった。

国の政策ではあるが、合併の際に公文書保存を考えておかなければ、あとで再び昭和の大合併の悲劇が繰り返されることは間違いない。この問題は先の歴史の連続性と普遍性の点からも考えるとかなり大きな問題である。そうした市町村合併の問題点は、村社会が崩壊して半世紀以上経過し、地域の一員たる住民の帰属意識の低下が著しい今日においては、古文書に関しても、同様に地域の枠組みが変わるとともに散逸してなくなる危険性があるということである。こうした状況が関係者の頭のなかになければ、その可能性はきわめて高いと言えるだろう。

前回、昭和の大合併のときと大きく異なるのは、法律や条例があるということで、一つは公文書館法、もう一つは情報公開法や情報公開条例、さらに公文書管理法・公文書管理条例である。残さなければならない公文書を、合併を好機として捨ててしまうということは、これまでも役場社会のなかでは少なくなかった考えである。しかし、こうした古い体質が、せっかく行政内に芽生えた公文書の保存・管理や情報公開の認識をも摘み取ってしまうことになりかねない。

この市町村合併の結果、合併する側とされる側、すなわち吸収合併か対等合併かによって行政文書や古文書が歴史資料として残されるかどうかが微妙な状態になってしまった市町村も出てきている。ここで、もし捨てられてしまえば、今まで各地域で築き上げてきた史料保存体制にもダメージを与えてしまうことが危惧されている(18)。

本来、合併に際しての文書保存問題について声を上げるのは役所内部の人間からではなく、自分たちの権利を将来まで保証する意味でも、市民から声が上がらないといけないのではないかという気がしている。この点は過去に作成された古文書の保存ということと直接リンクしないように見えるが、百年後のわれわれの子孫からは、制度が整っていたのに、なぜ保存しなかったのか、と言われないようにしなければならない。

そうならないためにも、文書館の役割や存在意義を今後もアピールしつつ、各地で積極的な史料保存の取り組みが展開されることを望みたい。

註

（1）巻末の全国の文書館一覧参照。なお、ここに掲げた以外にも市区町村文書館として文書館機能を持った資料館や図書館、公文書館のなかに特殊文庫を設置している館等も見られるが、やはり、後述するように博物館や図書館機能との混在は、施設としての明確なビジョンが市民に見えにくいところもある。

（2）国語学研究所による二〇〇一年に使用された用語のうち、言い換えを要するカタカナ表記として「アーカイブ」が含まれていることが、何よりもその事実を象徴している。なお、アーカイブの定義について、世界各国の法令を比較した小川千代子氏によれば、「法令上で見る限りアーカイブそのものの世界レベルでの共通認識があるとは言いがたいことが見えてくる。アーカイブとは、それぞれの国により少しずつその輪郭や考え方が異なっている」とされている（『ＤＪＩレポート』№53・54合併号、二〇〇三年）。

（3）「公文書管理法」については巻末参照。なお、アーカイブズとの関連については、中野目徹『公文書管理法とアーカイブズ―史料としての公文書―』（岩田書院、二〇一五年）参照。

（4）越佐歴史資料調査会編『地域と歩む史料保存活動』（二〇〇三年、岩田書院）、西向宏介「地方自治体文書館の基本理念と『公文書館論』」（『広島県立文書館紀要』第七号、二〇〇三年）、拙稿「地域社会と文書館―近年の文書館をめぐる動向―」（『21世紀の文化行政―地域史料の保存と活用―』二〇〇一年、名著出版）、本書第Ⅰ部第一章）。

（5）座談会の詳細は、『葦のみち』第二二号（二〇〇一年、三郷市）参照。

（6）この点、地域史料の所蔵者の視点から論及されている前掲『地域と歩む史料保存活動』は傾聴に値する。なお、『同書』についての書評（拙稿『地方史研究』三〇七号、二〇〇四年二月発行）も併せて参照されたい。

（7）史料ネットの現状については、天野真志・後藤真『地域歴史文化継承ガイドブック付・全国資料ネット総覧』（文学通信、二〇二二年）参照。

（8）平井義人「アンケートに見る地域史料調査事業の全国的趨勢と問題点」（『（大分県立先哲）史料館紀要』第六号、二〇〇一年）。

（9）それは近年の司書養成過程のカリキュラムにも起因している。ベテラン司書の話では、昔は郷土資料の授業のなかで古文書の整理法を学んだというが、現在の養成過程のなかでは、そうした古文書を扱う授業そのものがなくなっているようである。この点は、発足当時の図書館と現在の図書館に求められている役割の時代の変化というべきであろうか。また、このことと直接関係がないかも知れないが、日本図書館協会の委員会には、郷土資料部門の委員会は存在していない。

（10）詳細は、全国歴史資料保存利用機関連絡協議会（以下、全史料協）『会報』No.60（二〇〇二年）参照。

（11）この場合、返還された後のアフターケアを怠ると文書の劣化や散逸という問題が起こりうる可能性がある。先の所在確認調査においても、同様の報告がされている。詳細は、埼史協『第8次専門研究委員会報告書『自治体史編さん以降の地域史料管理』（二〇一八年）参照。

（12）この点については、前掲本書第Ⅰ部第一章参照。

（13）森本祥子「アーカイブズシステムの構築」（国立公文書館『アーカイブズ』第九号、二〇〇二年）。

(14) なお、埼玉県では、二〇一七年に小室家文書七六二二点を県指定有形文化財に文書群として初めて一括指定した。
(15) フランスの文書保存法については、「フランス文書保存法」(国立国会図書館調査立法考査局編『外国の立法』第二一巻—三号、一九八二年)および本書Ⅰ—第一章参照。
(16) 全史料協『会報』第五一号(二〇〇〇年)。
(17) この点で、過去に注目された展示に江戸東京博物館で二〇〇二年秋に開催された「本田宗一郎と井深大—夢と創造—」展がある。この展示は、ホンダとソニーという民間企業の創始者を扱ったというだけでなく、産業技術史の展示として評価されよう。
(18) 市町村合併における史料保存に対する各地の取り組み状況については、拙稿「市町村合併時における公文書等の保存に関するこれまでの動向」(『記録と史料』一三、二〇〇三年)を参照されたい。

三　文書館の収蔵史料を用いた授業モデル

──高校生に向けた文書館利用の取り組み──

1　高校教育との連携

埼玉県立文書館では、二〇一三（平成二十五）～一五年度の三ヵ年、埼玉県教育局高校教育指導課との主導により、文書館職員と県立高校の地歴科教員が連携《れんけい》して、文書館収蔵資料を活用した教材研究を行なった。本報告は、この三年間に筆者がさまざまな形で関わった実践報告と、それらの活動から得られた成果・課題を述べた上で、近年文書館でも学校との連携が叫ばれていることから(1)、これまでの博学連携の視点からだけではない、新たな視点で連携論を述べてみたいと思う。

2　取り組みの開始

今回の取り組みは、二〇一三年（平成二十五）八月十二日に設置された「埼玉県高等学校教育課程改善委員会設置要項」にもとづき、その第三条第四項で規定された指導方法・内容等検討部会の教科「地理歴史」検討部会における取り組みとして開始された。

第一回目の会議は、二〇一三年八月十二日に文書館にて開催された。その際に本会設置にあたって確認された各事項は以下のとおりである。

①設置目的

指定されている埼玉県立文書館所蔵の史料を掘り起こし、高校地歴科における伝統と文化を尊重した教育の充実及び思考力・判断力を育むための資料として教材化するとともに、その活動を通じて教員の指源力の向上及び埼玉県立文書館の利用促進を図る。

②委員構成

部会長・副部会長・委員【教諭】（日本史四名・世界史二名・地理二名）・【当館職員】四名（公文書担当・古文書担当・史料編さん担当・地図センター担当）・幹事五名（高校教育指導課指導主事）。(2)

③具体的な取り組み

(1)　原則、埼玉県立文書館所蔵資料を用いた授業用教材を一つ作成するとともに、それを使った学習指導案をあわせて作成する。

(2)　高校教員の各委員は定期的に開催される委員会以外にも、埼玉県立文書館を訪問し、文書館担当職員のサポートを受けながら、教材化の作業を進めるよう努める。

(3)　(2)の形で文書館を訪問する際には、高校教育指湧課から派遣依頼を行うこととする。

④成果物

生徒の思考力・判断力を育む「地域教材」及びその指導事例をセットにした「指導事例集」を発行する。

以上の方針のもと、初年度となる平成二十五年度は、委員に委嘱された文書館職員と教員が協力しながら、文書館収蔵史料のなかから教材化が可能な史料を発掘し、授業案を作成していく活動が主体となった。初回はまず教員に、授業テーマを設定してもらい、そのテーマにふさわしい史料が当館に存在するかを文書館職員が提供していく流れが提案された。そのため、文書館の施設ガイドから「資料検索システム」を活用した資料の利用方法、さらには検索の結果抽出した史料の解読にあたっての連携・相談方法について話し合いが行われた。

その後、二回目・三回目の委員会における話し合いを通じて、各教員委員から提案されたのが、以下に掲げるテーマと、対象とする教科および単元名である。

平成二十五年度の各委員のテーマ

①「欧米列強の帝国主義と国内政治」（世界史B2—(5)ア「帝国主義と社会の変容」）
②「この人物は誰だろうか？（幕末の仏蘭西《ふらんす》国王《こくおう》を描いた瓦版から）」（日本史B2—(6)ウ「歴史の論述」）
③「江戸時代の埼玉県域の産業について考えよう」（日本史B2—(3)「産業経済の発展と幕藩体制の変容」）
④「文久二年のざわつき—はしか流行から探る幕末の社会—」（日本史B2—(3)「産業経済の発展と幕藩体制の変容」）

⑤「日本煉瓦製造株式会社の設立をめぐって」（日本史B2―(4)ウ「近代産業の発展と近代文化」）
⑥「川口鋳物産業《かわぐちいものさんぎょう》の発展」（日本史B2―(4)ウ「近代産業の発展と近代文化」）
⑦「日露戦争とそれに向き合う人々」（日本史B2―(4)イ「国際関係の推移と立憲国家の展開」）
⑧「第二次世界大戦と地域における戦時体制強化の展開」（日本史B2―(5)ウ「第二次世界大戦と日本」）
⑨「身近な地域の防災について」（地理A2―(2)イ「自然環境と防災」）
⑩「新旧の地図等を活用した地域調査」（地理）

初年度となる二〇一三年度の活動は、このテーマ設定までとし、実際の授業実践は、翌年度に持ち越された。

3　文書館史料を活用した授業の実践

（1）二〇一四年度の授業実践

二〇一四年（平成二十六）度は、昨年度のテーマに沿った形で、各教員委員が作成した授業の実践を公開授業という形で行なった。当初は、すべてのテーマ案を全県下で実施する予定であったが、日程などの関係から、浦和・越ヶ谷・熊谷西の各県立高等学校に絞って開催した。以下、各校における実践の概要を紹介したい。

(1)　浦和高校での公開授業（二〇一四年十月二十八日）

テーマ「日露戦争とそれに向き合う人々」

【使用した文書館の収蔵史料】

①「埼玉県北埼玉郡埼玉村日露戦役記念碑及忠魂碑《ちゅうこんひ》建設ノ趣旨」（湯本家文書№四四〇〇）

②「北埼玉郡埼玉村前玉神社境内へ日露戦役記念碑建設認可」（行政文書・明二三九九-四五）

③「露西亜《ろしあ》帝国臣民又ハ宗教ニ対シ不心得ノ行動無之様取締方各郡長及各県立学校長へ通牒」（行政文書・明三三二一-六三）

④「旅順《りょじゅん》攻略外戦ニ付書状」（小室家文書№一一三七）

【授業の展開】

三グループA〜Cに分けて、A「戦役記念碑」として①・②の史料コピー、B「不心得行動に対する通牒」として③の史料コピー、C「戦場からの手紙」として④の史料・コピーと参考資料『平民新聞』挿絵コピー「強制された愛国心」（一九〇四年〈明治三十七〉一月十七日発行）をそれぞれのグループで読解し、その後A・B・Cの各グループからそれぞれ一名ずつが三人一組になって各組ごとで分析した史料の内容を互いに説明した。

なお、実際の授業では、着眼点を示すことなく、多くがくずし字で書かれているすべての史料を原本コピーで生徒に提示し、生徒はそれらの読解に取り組んだ。

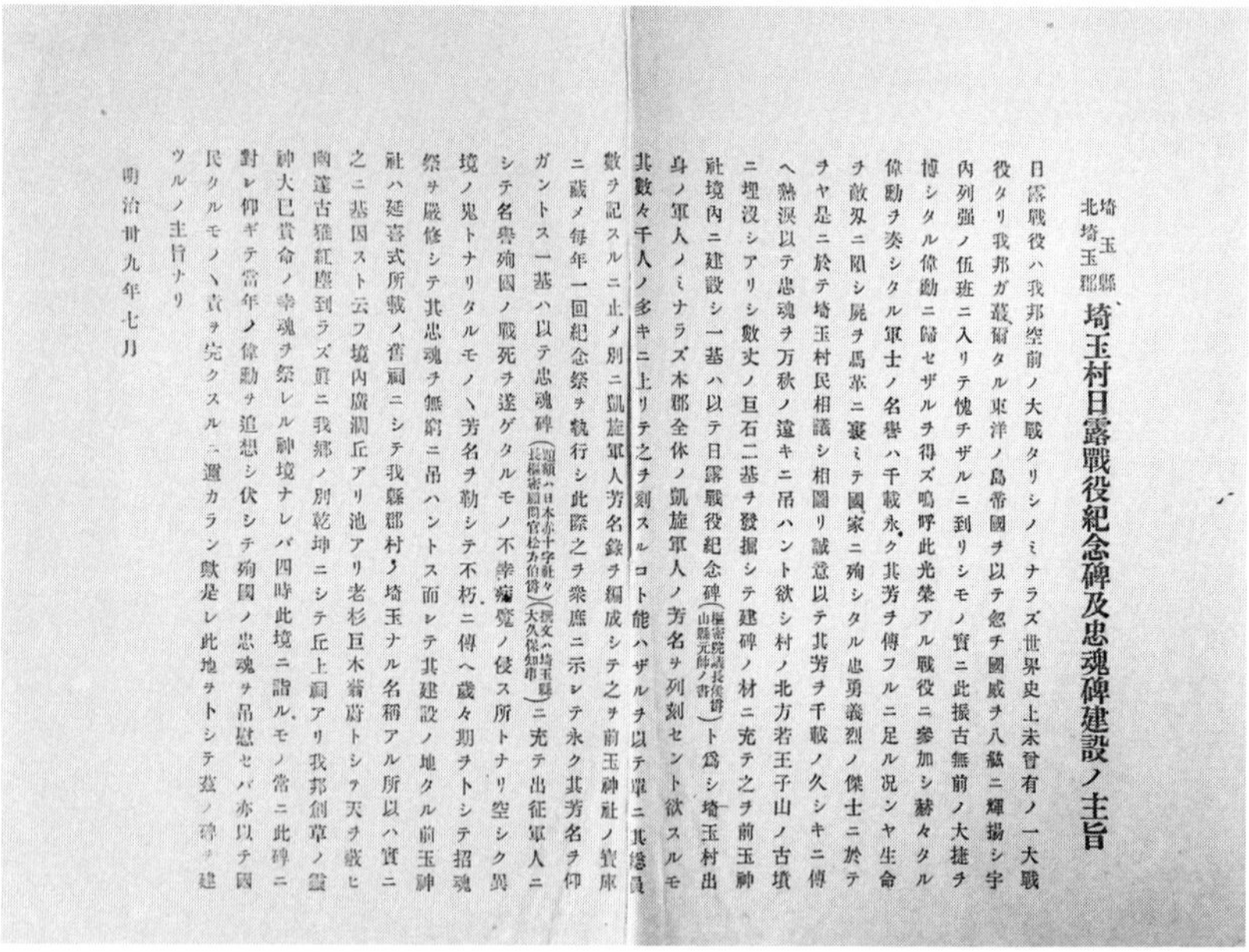

埼玉縣北埼玉郡　埼玉村日露戰役紀念碑及忠魂碑建設ノ主旨

日露戰役ハ我邦空前ノ大戰タリシノミナラズ世界史上未曾有ノ一大戰
役タリ我邦ガ蕞爾タル東洋ノ島帝國ヲ以テ忽チ國威ヲ八紘ニ輝揚シ宇
内列強ノ伍班ニ入リテ愧チザルニ到リシモノ實ニ此振古無前ノ大捷ヲ
博シタル偉勳ニ歸セザルヲ得ズ嗚呼此光榮アル戰役ニ參加シ赫々タル
偉勳ヲ奏シタル軍士ノ名譽ハ千載永ク其芳ヲ傳フルニ足ル況ンヤ生命
ヲ敵刄ニ隕シ屍ヲ馬革ニ裹ミテ國家ニ殉シタル忠勇義烈ノ傑士ニ於テ
ヲヤ是ニ於テ埼玉村民相議シ相圖リ誠意以テ其芳ヲ千載ノ久シキニ傳
ヘ熱涙以テ忠魂ヲ万秋ノ遠キニ弔ハント欲シ村ノ北方若王子山ノ古墳
ニ埋沒シアリシ數丈ノ巨石二基ヲ發掘シテ建碑ノ材ニ充テ之ヲ前玉神
社境内ニ建設シ一基ハ以テ日露戰役紀念碑（樞密院議長侯爵山縣元帥ノ書）ト爲シ埼玉村出
身ノ軍人ノミナラズ本郡全体ノ凱旋軍人ノ芳名ヲ列刻セント欲スルモ
其數々千人ノ多キニ上リテ之ヲ刻スルコト能ハザルヲ以テ單ニ其總員
數ヲ記スルニ止メ別ニ凱旋軍人芳名録ヲ編成シテ之ヲ前玉神社ノ寶庫
ニ藏メ毎年一回紀念祭ヲ執行シ此際之ヲ衆庶ニ示シテ永ク其芳名ヲ仰
ガントス一基ハ以テ忠魂碑（題額ハ日本赤十字社々長樞密顧問官松方伯爵）（撰文ハ埼玉縣大久保知事）ニ充テ出征軍人ニ
シテ名譽殉國ノ戰死ヲ遂ゲタルモノ不幸病魔ノ侵ス所トナリ空シク異
境ノ鬼トナリタルモノヽ芳名ヲ勒シテ不朽ニ傳ヘ歳々期ヲトシテ招魂
祭ヲ嚴修シテ其忠魂ヲ無窮ニ弔ハントス而シテ其建設ノ地タル前玉神
社ハ延喜式所載ノ舊祠ニシテ我縣郡村ノ埼玉ナル名稱アル所以ハ實ニ
之ニ基因スト云フ境内廣濶丘アリ池アリ老杉巨木蓊蔚トシテ天ヲ蔽ヒ
幽邃古雅紅塵到ラズ眞ニ我郷ノ別乾坤ニシテ丘上祠アリ我邦創草ノ靈
神大巳貴命ノ幸魂ヲ祭レル神境ナレバ四時此境ニ詣ルモノ常ニ此碑ニ
對シ仰ギテ當年ノ偉勳ヲ追想シ伏シテ殉國ノ忠魂ヲ弔慰セバ亦以テ國
民タルモノヽ責ヲ完クスルニ邇カラン歟是レ此地ヲトシテ茲ノ碑ヲ建
ツルノ主旨ナリ

明治卅九年七月

図１　埼玉県北埼玉郡埼玉村日露戦役記念碑及忠魂碑建設ノ趣旨
（湯本家文書 No.4400）

【成果と課題】

生徒の感想からは、「多面的に歴史的事実を検証することができた」「単に教科書を読んだり、問題集をこなしたりするよりも印象的に記憶を残すことができた」「勉強とは暗記するだけでなく出来事の背後にあるものを読みとることが大切なのだと感じた」「さまざまな歴史事項や時代背景とのつながりを考えなくてはいけない面が記述式問題にもつながる」といった好意的な意見がある一方で、「結構わかりにくい史料だった」「もう少し史料を読みやすく」といった感想があったのは、くずし字に初めて触れる生徒に対し、原本のコピーをいきなり読解させるという方法をとったことにもよろう。

【文書館職員との関わり】

文書館では、担当教員が史料を選択した後に史料の読解と解釈についてのアドバイスを実施した。また、史料解釈についても一方的な見方だけでなく、立場によって解釈が異なる可能性を示唆した。

(2)　越ヶ谷高校での公開授業（二〇一四年十一月十七日）

テーマ「なぞのフランス国王にせまる～文書館職員になって展示解説を考えよう～」（二〇一三年度テーマ②から一部変更）

【使用した文書館史料】

「仏蘭西国王図」（増田家文書№四〇三）

【授業の展開】

まず、席替えにより意見を伝達交換していくジグソー法で行う授業であること、文書館職員になったつもりで史料解説（キャプション）を作成するのが目的であることを生徒に説明した。その後、より実物に近い形で史料を理解してもらうため、カラーで印刷した史料の写真とワークシート【図2】を配布し、1「史料の右側人物部分の解説解読と考察」、2「左側の貨幣部分の解説解読と考察」、3「この瓦版を収集した名主増田家の説明と瓦版についての考察」の三段階で史料を読み解くエキスパート活動を行なった上で、ジグソー活動を実施、移動先の生徒と意見交換を行い、最後に各チームで考えた内容を説明し、史料の展示解説を完成させた。

【課　題】

終了後の参観者による意見交換では、「ジグソー法が効果的だった」「文書館職員になって展示解説を

この王様は誰でしょうか？

ワークシート３

問２　なぜ、この絵は江戸時代の増田家にあったのでしょうか。班で話し合って考えてみよう。

↓図の全体像

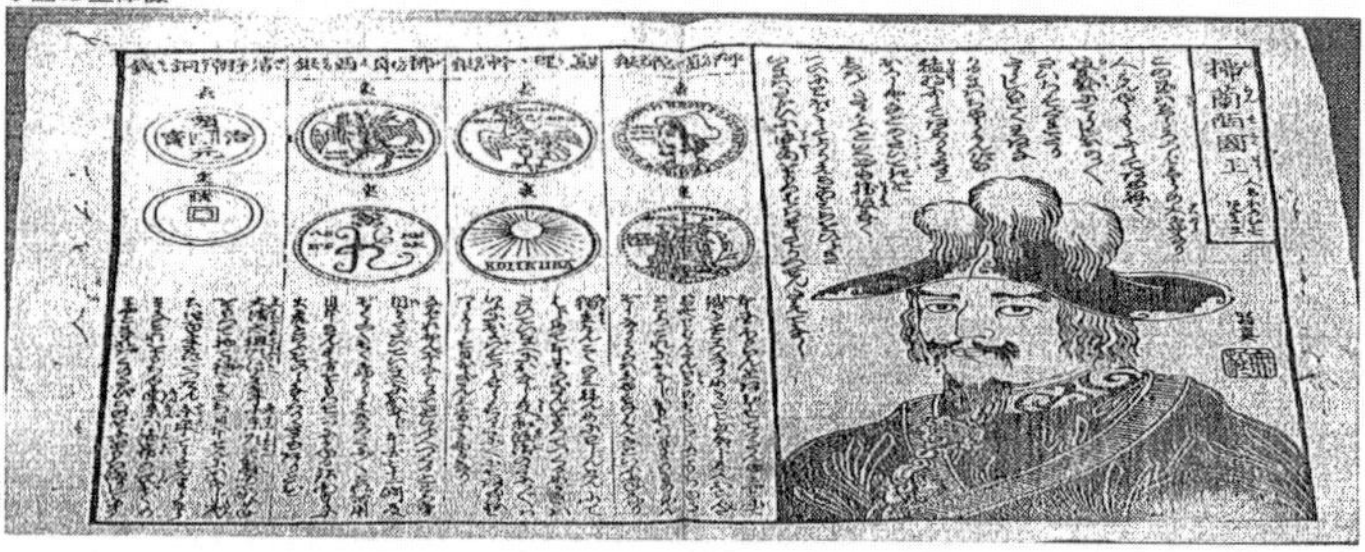

図２　当日使用したワークシート１

つくるといったテーマ設定がよかった」「なぜ春日部市の増山家に伝えられたかという視点がよかった」といった意見があった。一方で、「世界史との進度バランス」や「名主についての説明が不十分」といった問題点も寄せられた。全体的には、前回の浦和高校での授業同様、生徒の「史料を読もうとする力、発言力」に感心したといった意見が多数を占め、改めて文書館にある身近な地元史料の活用（今回は越ヶ谷高校が所在する県東部地区春日部市の名主増田家文書）が重要であることが確認された。

【文書館職員との関わり】

前回同様、今回は幕末の「瓦版」ということで変体仮名史料の解読について教員へのアドバイスを行なった。また、名主としての増田家の役割と同家には他にも各種の瓦版が存在することを示唆した。

(3)　熊谷西高校での公開授業（二〇一四年十一月二十五日）

テーマ「文久二年のざわつき～幕末の社会をのぞいてみよう～」（平成二十五年度テーマ④から一部変更）

【使用した文書館史料】

①「麻《ま》疹《しん》必要《ひつよう》方《かた》」（小室家文書No.三二一七五）
②「はしか絵　麻疹軽くする法」【図3】（小室家文書No.六三六九-五）
③「はしか絵麻疹養生心得方《ようじょうこころえかた》」（小室家文書No.六三六九-四）
④「はしか病者養生心得」（鈴木〈庸〉家文書No.九）
⑤「はしか絵麻疹合戦記」（足立家文書No.一〇三二）
⑥「徳用《とくよう》奥羽《おうう》屋《や》」（小室家文書No.六三六二-一）【図4】
⑦「足羽《そくう》先生《せんせい》提《さげ》安藤《あんどう》文澤《ぶんたく》雪行《せっこう》図《ず》」（小室家文書No.六〇八九）
⑧「及門《きゅうもん》姓名《せいめい》録《ろく》」（小室家文書No.六四二五）
⑨「文久二年　不《ふ》如《じょ》学《がく》斎《さい》日記《にっき》」（小室家文書No.四二〇）【図5】
⑩「安政五年　日記一」（小室家文書No.四一三）

【授業の展開】

教員と文書館学芸員（筆者）との連携によるチームティーチング（ＴＴ）の授業を行なった。まず、導入では、小中学校で学んだ幕末の振り返りと幕末のイメージについて生徒に質問した後、今回の授業

図3　「はしか絵　麻疹を軽くする法」（小室家文書 No.6369-5）

図4　「徳用奥羽屋」(小室家文書 No.6362-1)

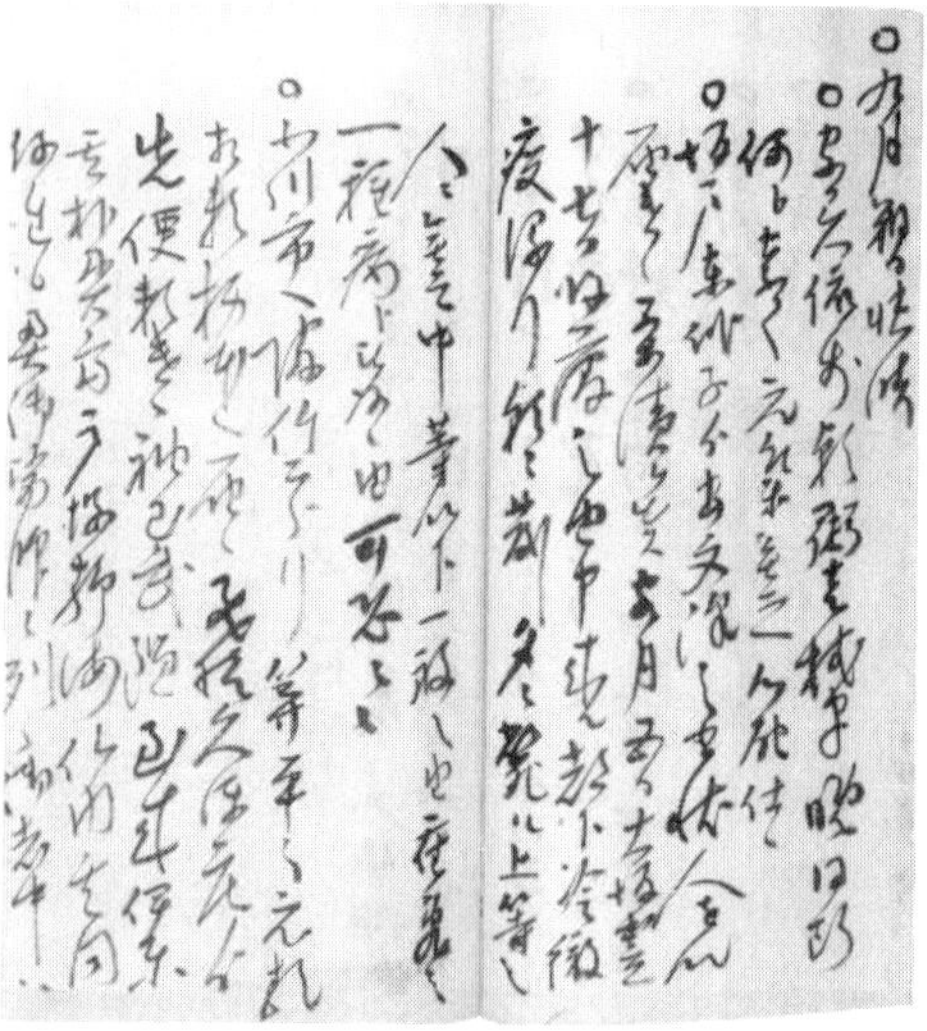

図5　「文久2年　不如学斎日記」よりコレラ（冷徹疫）の流行部分（小室家文書 No.420）

で扱う「麻疹（はしか）絵」について当館の収蔵史料の紹介を行なった。

　その後、筆者が当館の収蔵史料のなかから、番匠村（ときがわ町）の蘭方医である小室家の小室家文書から、幕末の在村医療の実態について前述の⑦〜⑩【図5】の史料をパワーポイントを使用しながら解説した。

　解説後、再び①〜⑤のさまざまな「はしか絵」の解説を通して、江戸の庶民が「麻疹」の治療を「はしか絵」【図3】から情報として得ていたことや、【図4】の史料から混乱した幕末社会においても逞《たくま》しく生きた江戸庶民の諸相について意見交換を行なった。

【課　題】

　生徒からは、「当時の史料の文字を実際に読むことができて感動した」「県内にこれほどの偉人（医師の小室元長）がいたことに驚き誇らしくなった」「庶民の思いは教科書等ではわからないので、文書館に行って過去の史料を調べたい」といった感想が寄せられた。一方、参加者からは、「ピンポイントで学芸員（筆者）の解説を入れたのがよかった」「文書群としての小室家に触れたのがよかった」「はじめに小中学校での幕末の知識を聞いたのがよかった」といった好意的な意見がある一方で、「パワーポイントの授業では見にくい部分がある」「麻疹に関する説明が不足」「小室家の文化面にも触れてほしかった」といった問題点も指摘された。

【文書館職員の関わり】

　本授業は、担当教員と文書館学芸員（筆者）とのコラボレーションによる初めてのケースだったために戸惑いもあったが、双方の役割を事前に明確化させ、教師は史料を利用した内容について、筆者は史料の外縁部分にあたる、所蔵者の小室家や幕末の医療事情について説明することに徹した。このため、生徒の感想からも、ある程度理解しやすかったものと思われる。

なお、授業後の会議のなかでは、今後文書館の史料を利用するにあたっては、職員に相談することも必要だが、事前の情報蒐集法として、既刊の『文書館紀要』や収蔵文書展の図録、『資料案内』などリーフレットの活用が有効であると説明した。

（2）　二〇一五年度の授業実践

二〇一五年度には、前年度に引き続き、宮代《みやしろ》・蕨《わらび》の二校で公開授業を行なったほか、文書館において「高校生ワークショップ」を実施した。

⑴　宮代高校での公開授業（二〇一六年一月十九日）

テーマ「第二次世界大戦と地域における戦時体制の展開」（平成二十五年度テーマ⑧）

【使用した文書館史料】

①昭和七年十一月二十日「横須賀《よこすか》市国民大会国際連盟調査団ノ満州事変ニ対スル報告ニ関スル件ニ付宣言書」（行政文書：昭二五五九‐五）

②昭和七年十一月二十五日「入間郡豊岡町石川組石川製糸所外製糸業法施行規則届書」（行政文書：昭二五八三‐一）

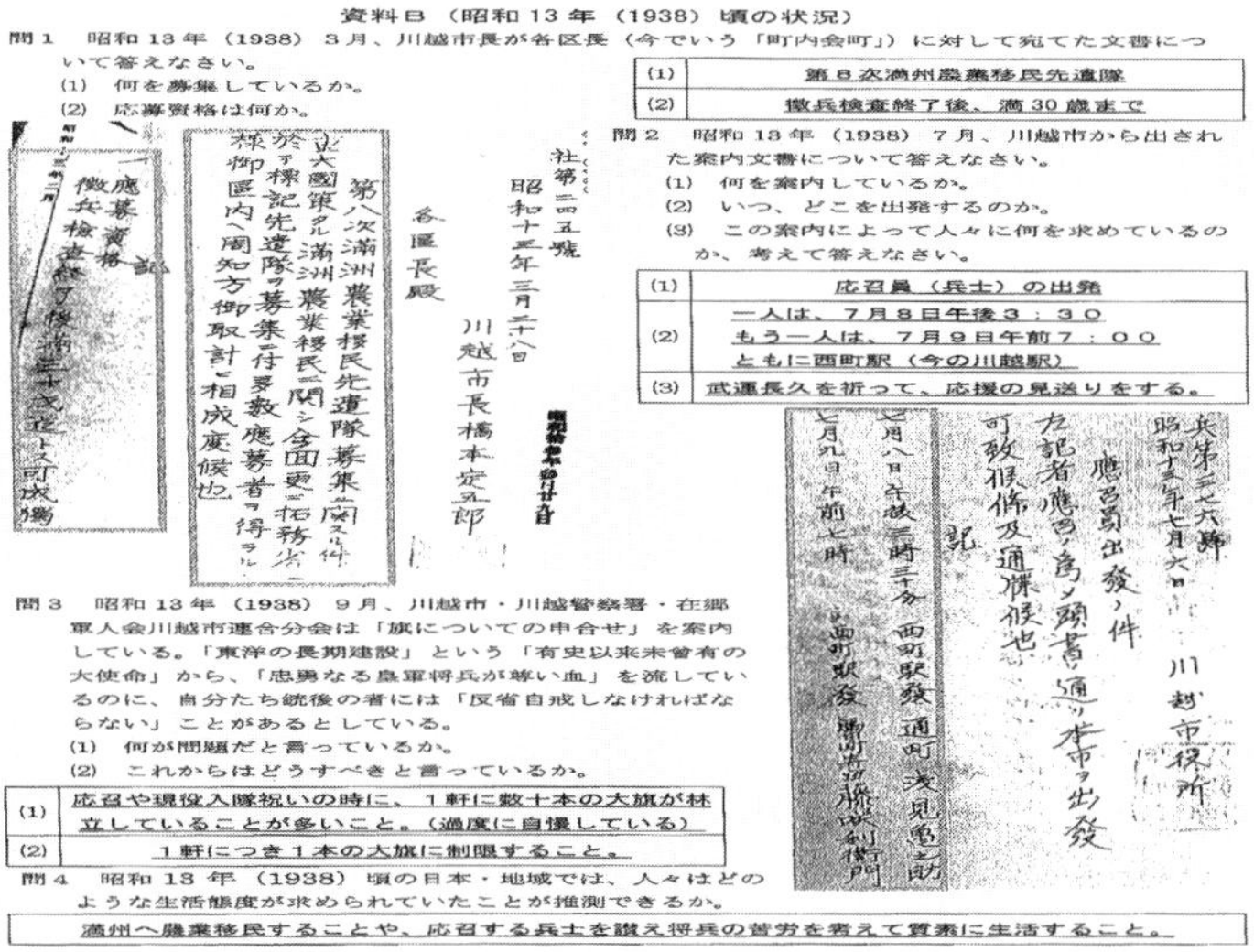

資料B（昭和13年（1938）頃の状況）
問1　昭和13年（1938）3月、川越市長が各区長（今でいう「町内会町」）に対して宛てた文書について答えなさい。
(1)　何を募集しているか。
(2)　応募資格は何か。
(1) 第8次満州農業移民先遣隊
(2) 徴兵検査終了後、満30歳まで
問2　昭和13年（1938）7月、川越市から出された案内文書について答えなさい。
(1)　何を案内しているか。
(2)　いつ、どこを出発するのか。
(3)　この案内によって人々に何を求めているのか、考えて答えなさい。
(1) 応召員（兵士）の出発
(2) 一人は、7月8日午後3：30　もう一人は、7月9日午前7：00　ともに西町駅（今の川越駅）
(3) 武運長久を祈って、応援の見送りをする。
問3　昭和13年（1938）9月、川越市・川越警察署・在郷軍人会川越市連合分会は「旗についての申合せ」を案内している。「東洋の長期建設」という「有史以来未曾有の大使命」から、「忠勇なる皇軍将兵が尊い血」を流しているのに、自分たち銃後の者には「反省自戒しなければならない」ことがあるとしている。
(1)　何が問題だと言っているか。
(2)　これからはどうすべきと言っているか。
(1) 応召や現役入隊祝いの時に、1軒に数十本の大旗が林立していることが多いこと。（過度に自慢している）
(2) 1軒につき1本の大旗に制限すること。
問4　昭和13年（1938）頃の日本・地域では、人々はどのような生活態度が求められていたことが推測できるか。
満州へ農業移民することや、応召する兵士を讃え将兵の苦労を考えて質素に生活すること。

図6　当日配布されたワークシート2

③昭和十三年三月二十八日「第八次満州農業移民先遣隊募集に関する件」（県史CH本六六-九『川越市郭町《くるわまち》区郭町区有文書9』）
④昭和十三年九月二十五日「旗についての申し合せ」（県史CH本六六-九『川越市郭町区郭町区有文書』9）
⑤昭和九年十月二十日「《告・示第六四四号》食糧配給要綱制定ノ件」（C八三〇『埼玉県報』二三〇）
⑥昭和十九年十二月一日「《告示第七〇九号》海軍志願兵徴募ノ件」（C八三〇『埼玉県報』二三〇）
⑦昭和二十年六月十二日「《告示第二三七号》国民学校教員定期試験検定中止ノ件」（C八三二『埼玉県報』二三三二）

【授業の展開】

三〜四人一班のグループ分けを行い、それぞれに異なるワークシート資料A（前期①・②）・資料B（中期③・④）【図6】・資料C（後期⑤〜⑦）を配布した（エキスパート活動）。その後、グループ（資料A・B・C混在）でまとまるように指示し、それぞれの時期がどんな様子だったのかを紹介し合った。その際に「各時期における人々の生活の変化」「どの段階でどのようであったら戦争を終結できたか」の二点からまとめ、フリップに書かせた（ジグソー活動）。最後にグループの代表者がフリップを提示してコメントした（クロストーク活動）。

【成果と課題】

授業後に行われた参観者との意見交換では、「配布された資料A〜Cは、いずれも史料の写真だけでなく生徒の理解を助けるための要点が簡潔にまとめられるよう記入式のワークシートとなっていた」「歴史用語の解説について、机間巡視《きかんじゅんし》しながら丁寧に対応していた点がよかった」といった意見があった。これまでの公開授業がどちらかといえば原史料を読解する意欲の高い生徒が多い環境の学校で展開されたのに対して、今回は読解意欲や日本史授業に対する関心の低い生徒に対しても有益な方法であるとの感想が多かった。いわば、史料から重要な部分を読みとるポイントをあらかじめ教員側で提示しておくことによって、史料全体にまで関心が広がるよう工夫されていた。

【文書館職員の関わり】

前期・中期・後期それぞれに関連する収蔵史料について、とくに戦時中の史料は当館の収蔵史料中でもきわめて少ないことから、古文書や行政文書だけでなく『新編埼玉県史』の編さん過程で収集した他機関所蔵の写真史料などについても紹介した。

(2)　蕨高校での公開授業（二〇一六年一月二十五日）

テーマ「花紋賞牌を受賞した川口鋳物」（二〇一三年度テーマ⑥から一部変更）

【使用した文書館史料】

①明治十一年「県治《けんち》提要《ていよう》」（行政文書：明一〇七五）【図7】

②明治十二年五月十四日「勧業《かんぎょう》仮《かり》博物館《はくぶつかん》第一期《だいいっき》縦覧《じゅうらん》景況《けいきょう》報告書《ほうこくしょ》」（諸井〈三〉家文書№二一二〇）

【授業の展開】

最初に「ワークシート（1～3）」および「資料プリント」「資料プリント埼玉」の三枚を生徒に配布し、まずワークシート（1）から高校がある蕨の隣町である川口の鋳物産業についてその歴史的な特徴などについて解説した。

次に、川口の鋳物が「花紋賞牌」を受賞した「内国勧業博覧会」について、ワークシート（2）【図8】の指示に従い、「明治政府の役人」「地方の役人」「一般庶民」「出品した職人」「欧米の外交官」がそれぞれどのような立場から同博覧会に関わったかをグループ内で協議した。各グループで話し合った結果にサブタイトルを付して発表し、最後にワークシートタイトルを付して発表し、最後にワークシート（3）「その頃埼玉では……」の解答について「資料プリント埼玉」を参考にグループ内で考察した。

【成果と課題】

授業の後に行われた意見交換では、「ワークシートの活用がよかった」「さまざまな立場によって史料の解釈が異なる点は重要」といった評価があった。一方で、「パワーポイントが見にくかった」「ボリュ

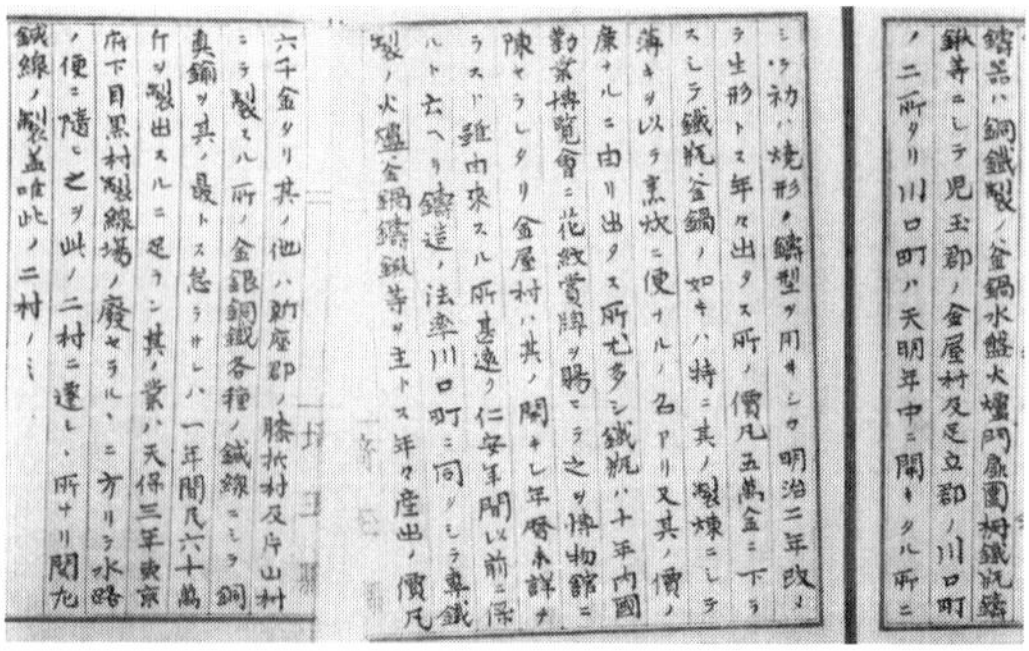

鐺器ハ銅鐵製ノ釜鍋水盤大爐門扉園栖銀銚鑵
鍬等ニシテ児玉郡ノ金屋村及足立郡ノ川口町
ノ二所タリ川口町ハ天明年中ニ開キタル所ニ
シテ初ハ焼形ノ鑄型ヲ用キシカ明治二年改メ
テ生形トス年々出ス所ノ價凡五萬金ニ下ラ
スシテ鐵瓶釜鍋ノ如キハ特ニ其ノ製煉ニシテ
薄キヲ以テ烹炊ニ便ナルノ名アリ又其ノ價ノ
廉ナルニ由リ出ス所尤多シ鐵瓶ハ十年内國
勧業博覧會ニ花紋賞牌ヲ賜テ之ヲ陳物館ニ
陳セラレタリ金屋村ハ其ノ開キシ年暦未詳ナ
ラスト雖由来スル所甚遠ク仁安年間以前ニ係
ルト云ヘリ鑄造ノ法率川口町ニ同ノシテ専鐵
製ノ火爐釜鍋鐺鍬等ヲ主トス年々産出ノ價凡
六千金タリ其ノ他ハ新座郡ノ膝折村及片山村
ニテ製スル所ノ金銀銅鐵各種ノ鐵線ニシテ銅
眞鍮ヲ其ノ最トス怠ラサレハ一年間凡六十萬
斤ヲ製出スルニ足ラン其ノ業ハ天保三年東京
府下目黒村製線場ノ廢セラルヽニ方リテ水路
ノ便ニ随ヒ之ヲ此ノ二村ニ遷シヽ所ナリ聞ク
鐵線ノ製蓋唯此ノ二村ノミ

図7　明治11年「県治提要」(埼玉県行政文書：明1075)

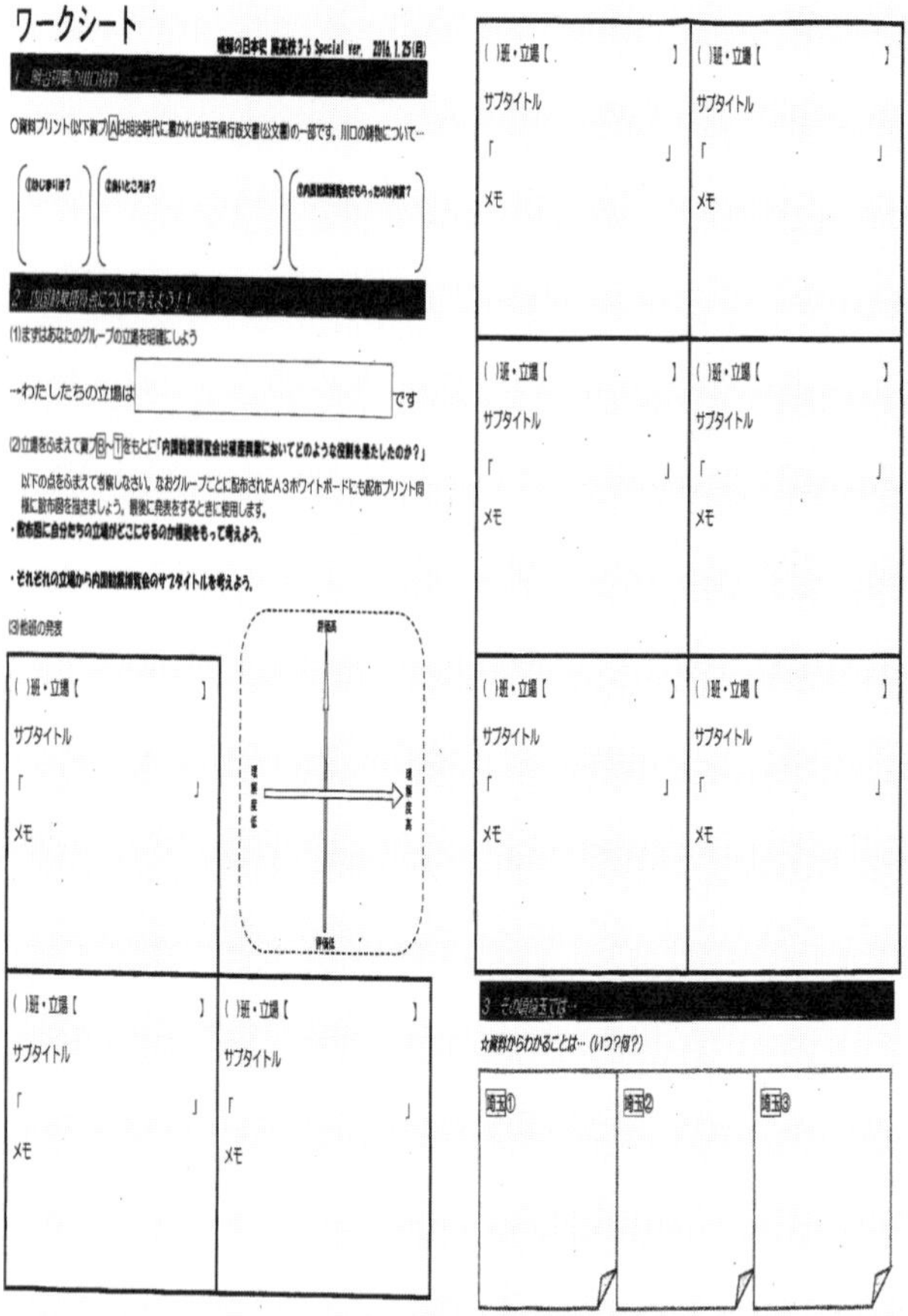

ワークシート

2016.1.25(月)

○資料プリント(以下資プ)Aは明治時代に書かれた埼玉県行政文書(公文書)の一部です。川口の鋳物について…

(1)まずはあなたのグループの立場を明確にしよう

→わたしたちの立場は　　です

(2)立場をふまえて資プB～Tをもとに「内国勧業博覧会は殖産興業においてどのような役割を果たしたのか？」

以下の点をふまえて考察しなさい。なおグループごとに配布されたA3ホワイトボードにも配布プリント同様に散布図を描きましょう。最後に発表をするときに使用します。

・散布図に自分たちの立場がどこになるのか根拠をもって考えよう。

・それぞれの立場から内国勧業博覧会のサブタイトルを考えよう。

(3)他班の発表

( )班・立場【 】 サブタイトル 「 」 メモ

( )班・立場【 】 サブタイトル 「 」 メモ

( )班・立場【 】 サブタイトル 「 」 メモ

( )班・立場【 】 サブタイトル 「 」 メモ

( )班・立場【 】 サブタイトル 「 」 メモ

( )班・立場【 】 サブタイトル 「 」 メモ

( )班・立場【 】 サブタイトル 「 」 メモ

( )班・立場【 】 サブタイトル 「 」 メモ

( )班・立場【 】 サブタイトル 「 」 メモ

☆資料からわかることは…(いつ？何？)

埼玉①　埼玉②　埼玉③

図8　当日配布されたワークシート3

ームがあるため最後の史料説明が不十分だった」という意見もあった。

【文書館職員の関わり】

担当教員は以前に富山県立高岡南高校で行なった公開授業において、他県の高校生に埼玉を知ってもらうという流れから、「川口の鋳物」を日本近代の殖産興業《しょくさんこうぎょう》のなかに位置づけ直した。そして、より具体的な例として「内国博覧会《ないこくはくらんかい》」に着眼点《ちゃくがんてん》を求めて二〇一三年度の当初報告内容を組み直したことが本授業の大きな転換点となった。

とくに、それぞれの立場から史料を読む「解釈型歴史学習[3]」の手法を取り入れた点は、文書館職員にとっても大きな刺激となり、文書館側からも複数の史料を提示することができた。

(3)「埼玉県高校生文書館ワークショップ」の開催（二〇一六年二月六日）

これまで、各高校で実践してきた公開授業を振り返った際の共通意見として多くあがっていたのは、活字資料ではなく、「実物史料」を見せて、読ませることの効果である。実践授業ではすべてのクラスで生徒に写真とはいえ、実物に近い形で原史料の読解を行なったが、原史料の形を視覚的にとらえた上で、難解なくずし字であっても、読み取れる部分から史料の全体を把握していこうとする意欲が掻き立てられたこと、さらには読み取れたという達成感がどの生徒にも見られたことである。

しかし、その一方でやはり五感に訴えるには、本物の史料に触れながら授業を行うことが必要という声が委員会のなかで起こり、その結果、史料を館外に持ち出すことは難しいが、文書館に生徒が来館して本物の史料＝実物に触れながら、思考力・判断力・表現力を育成することを目指したアクティブ・

ラーニング（4）型のワークショップなら可能ということになり、本ワークショップが実現した。

【準備の過程と使用した文書館史料】

まず、委員会のメンバーが、それぞれ当日使用する文書館収蔵史料を選定し、その選択者が当日の生徒への解説担当となった。以下は、選択された史料の一覧である。

ワークショップで使用した史料

①「差上申一札之事（箱根関所男五人通行ニ付）」（飯島家文書No.五四九）
②「豊臣秀吉禁制《きんぜい》」（浦和宿本陣文書No.二）
③「高札《こうさつ》（徒《と》党《とう》・強訴《ごうそ》・逃散禁止《ちょうさんきんし》）」（小島〈栄〉家文書No.一二六〇）
④「高札（キリシタン禁制）」（小島〈栄〉家文書No.一二六二）
⑤「第1回国内勧業博覧会会場案内」（小室家文書No.四五〇〇）
⑥「蕃藷解《ばんしょげ》」（篠崎家文書No.二一九四）
⑦「慶安御触書《けいあんのおふれがき》」（野中家文書No.三〇三七）
⑧「宗門人別御改帳《しゅうもんにんべつおんあらためちょう》」（野中家文書No.五五四）
⑨「浅間山焼亡之《あさまやましょうぼうの》麁《そ》絵図《えず》」（野中家文書No.八二三一）
⑩「おかげ参り（明和《めいわ》神異記《しんいき》）」（野中家文書No.三一〇一）
⑪「大津事件ウナ伝」（行政文書　明九九四）
⑫「徳用奥羽屋」（小室家文書No.六三六二-一）

⑬「旧版地形図（戦時中修正版）」

【当日の展開】

当日は、開催にあたり案内チラシを関係者と高校生向け【図9】に二種類作成して、県内の教員や学芸員だけでなく、県外にも教育委員会を通じて広く呼びかけた。結果、県外からの関係者三名を含む三九名の参加があった（委員を含む参観者二九名・生徒四校から一〇名）。

会場となった文書館講座室では開会行事の後、オリエンテーションの時間に文書館の利用申請書を生徒に記入してもらい、利用者登録を行なった。ついで、文書館の展示室と収蔵庫を含む館内案内を行なった。

ワークショップでは、越谷高校での実践公開授業で行なった、史料のキャプション作成と解説を生徒に行なってもらうことを課題とした。生徒は、二名程度のグループに分かれた上で、会場に並べられた史料について、教員や文書館職員が作成した史料に関するワークシートを手掛かりに担当者から適宜助言を受けるとともに、みずから会場に配置した参考文献（『日本国語大事典』『国史大辞典』など）も駆使しながら、課題として与えられた一五〇字の解説原稿の作成に取り組んだ（なお、地理分野を選択した生徒は四階の地図閲覧室に移動し、そこで担当教員らから説明を受けながら取り組んだ）。

生徒には作業にあたり、史料を取り扱う際の注意事項（手を洗う、時計や金属類の取り外し、鉛筆のみの使用、史料は丁寧に扱うなど）についてのレクチャーを行なった。

約一時間半にわたる作業の後、各グループから発表が行われた。生徒は、参加者の想像以上に史料を

別紙（２）

埼玉県教育課程改善委員会地理歴史部会・埼玉県立文書館・高校教育指導課　共催

「高校生文書館ワークショップ」を開催します！

埼玉県立文書館が所蔵する歴史的な古文書や地図を見て、触れて、推理して、そこに何が書かれているかを突きとめてみよう！

・なぜ、この絵は描かれたのか？何を伝えたかったのか？
・この地図に書かれているのは何だろう？
・この文書が書かれたのはどんな時代だったのだろう？

歴史や地図の専門家になったつもりでチャレンジしよう！

これは、過去の時代から君たちへの挑戦状です

埼玉県マスコット「コバトン」

日　時：平成２８年２月６日（土）
１３：００〜１６：３０（予定）
※受付１２：３０〜

場　所：埼玉県立文書館（ＪＲ浦和駅西口徒歩１２分）
※来館の際は公共交通機関を御利用ください。

対象者：高校２〜３年生　２０名程度

申し込み方法：各学校に送付している申し込み用紙に参加者の氏名を記入して、メール又はＦＡＸで申し込んでください。
（詳細は別紙を参照してください）

君たちの挑戦を待っています！

埼玉県マスコット「さいたまっち」

問い合わせ先：
埼玉県教育局県立学校部高校教育指導課
（学力向上推進担当）
（電話）０４８−８３０−７３９１

図９　事前に配布した高校生向けチラシ

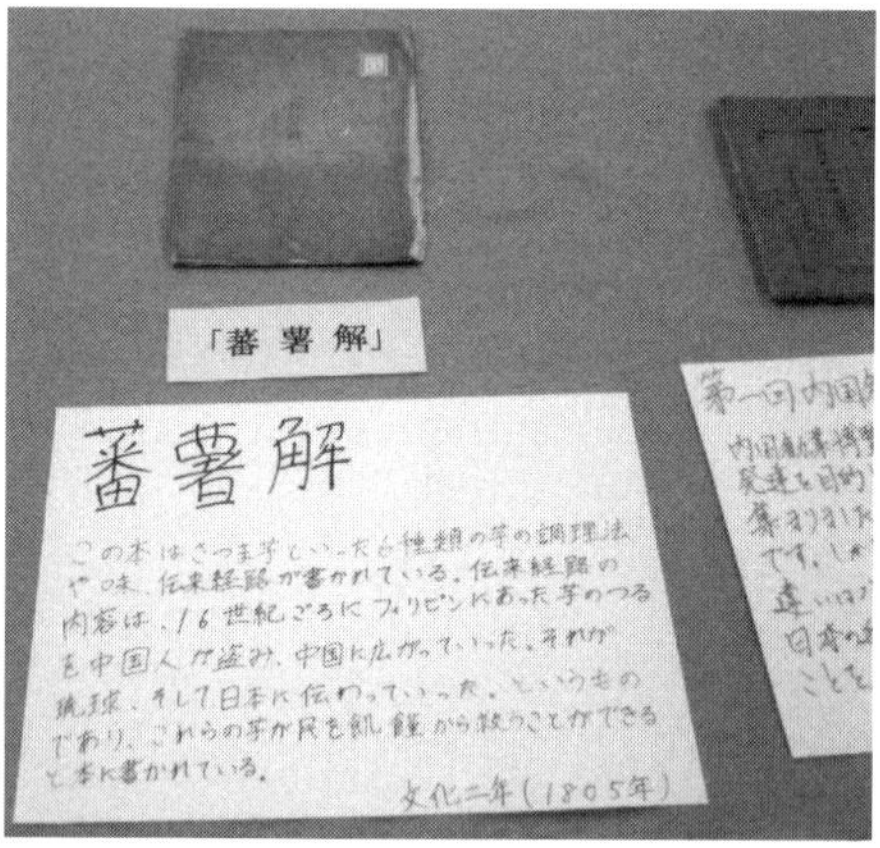

図 10　使用した史料と生徒作成のキャプション

熟読・解釈しており、主催者側が想定していた以上の成果が得られた。なかには、展示解説では書き入れられなかったが、どうしても報告したいという生徒からの追加発表もあり、参加者から盛大な拍手が送られた。発表後、各生徒はそれぞれ作成したキャプションを史料の前に置

いて、生徒同士や参加者が史料と対比できるようにしたうえで、互いのでき栄えについて意見交換を行なった【図10】。

【成果と課題】

生徒の感想からは、「参加することに当初は抵抗があったが実際やってみて楽しかった」「普段の授業とは違って楽しい」「文書館に来て、また史料を見たい」といった感想が聞かれた。また、参加者からも「ワークシートの記入、キャプションの作成といった流れで、予想していた以上に高校生がしっかり調べて記述していた点は素晴らしかった」「史料に対して興味・関心をもって意欲的に取り組んでいるだけでなく、史料からわかったことを彼らなりに整理していたことは、今後の学習につながると思った」「旧版の地形図の修正された部分を材料に、その理由や背景を歴史的に説明する大変興味深い内容だった。旧版の地形図を授業で使うことはあまりなかったが、今後、学校周辺の地形図等を読図して授業に使ってみたいと思った」「協調学習などの授業例はいくつか拝見しているが、ほかの授業手法ともつなげ、発展できるよう工夫してみたいと思った。基礎力がおぼつかない生徒にも興味・関心を高めさせる手段として有効ではないか」「展示の解説を作成させる取り組みは大成功だったと思う。単に史料の言葉を書くだけではなく、なぜこの史料が書かれたのか、史料から得られた解釈なども書かれており、歴史学習の本質に迫ることができたのではないか」といった意見があった。

また、委員からは、「これを機に文書に興味のある生徒がもっと増えてくれるとよいと思う。本物の持つエネルギーを生徒たちは吸収できたと思った。このようなアクティブな授業方法を持っている先生方が埼玉には多いのが今回の事業の成功につながったと感じた」（他県教員）、「初見の現物史料を半日で読み解き、キャプションをつけ、その説明を行うという企画は、先行事例もなく、どうなることかと思っていたが、参加した生徒たちの生き生きと取り組む様子、プレゼン内容の鋭さなどを考えると大成功だったと考えている」（教員）、「成功の背景には、各委員の作成したワークシートの適切さがある。また、当日も必要以上に説明せず、生徒から問かれたことだけに答えるという対応もよかった」（教員）、「文書館は普段なかなか高校生が訪れる機会がないため、高校生が主体となる企画も面白いと思う。『史料を丁寧に扱うこと』については、高校生だけでなく、出席者・関係者全員に共通する課題なので、始めに行ってよかったと思う」（学芸員）、「非常に良い試みであると思う。当日の発表を聞いて、また生徒の感想を読んで、こちらの予想をはるかに上回る理解力・文章構成力に感嘆した。博物館施設において高校生は最も縁遠い層で、来館者もごく少ないのが常態であるが、こうした試みにより、新しい需要の掘り起こしも可能ではないかと期待している」（学芸員）、「資料保存利用機関としての文書館の役割と教育を結びつけたこの取り組みは、他の文書館にとっても画期的であったようで、他の機関より問い合わせをいくつか頂いた。生の地域資料をこれからの生徒に活用していただくきっかけとなるこの取り組みは、単発ではなく継続していただきたいと思う」（学芸員）といった好意的な意見が続いた。しかし一方で、「実物を見て、触れて、五感で感じるというのは得難い経験であり、ぜひとも生徒たちに味わって欲しいと思うが、史料の保存管理の面からは、取り扱いを巡って今後の課題が残された。史料に向き合う姿勢の中で取り扱いも学んで欲しい」（学芸員）、といった実物史料を取り扱う上での問題点も指摘された。

(4)　全歴研第五十七回研究大会（埼玉大会）における研究報告

二〇一六年七月二十七～二十九日に全国歴史教育研究協議会（略称、全歴研）第五十七回研究大会が浦和コミュニティセンターで開催された。当日は全国から三〇〇名近くの教員が集まり、それぞれの分科会に分かれて活発な研究協議が行われた[5]。

初日の第一～五分科会報告の内、第二分科会（日本史前近代）提案3では、越ヶ谷高校での実践報告例を中心とした「埼玉県立文書館史料を活用した「歴史の論述」授業　なぞのフランス国王にせまる―文書館職員になって考えよう―」、第五分科会（博学連携）提案2では蕨高校での実践報告を中心とした「埼玉県立文書館所蔵史料の活用実践と課題」がそれぞれ本委員会委員からあった。なお、第五分科会では、筆者もミニシンポジウムのコメンテーターとして参加し、今回の取り組みにおける文書館側からの意見を述べた。

そのミニシンポジウムで話題となったのは、「アクティブ・ラーニング」を通しての文書館史料による「歴史を読み取る方法やその意義」や「体験学習の目指すべき方向性について」であり、それらを中心に、「歴史的思考力の育成の可能性」について文書館や博物館がどのように関わっていくべきかが討論された。討論での意見のなかに、教育のプロである教員と史料のプロである学芸員といった「人の連携」が重要であるとの指摘があった。一方、筆者は「人の連携」ももちろん大事ではあるが、肝心なのは「史料」が先人によって現代に「伝えられた」ことであり、このバトンを次世代に引き継ぐ使命を生徒にも授業でまず伝えていくべきだと述べた。このバトンリレーに必要なのが、まさに「歴史的思考力」なのではないかと考えている。

4　高校生に伝えるべきこと

以上、文書館と高校教育指導課との連携によって、二〇一三年（平成二十五）度から三年間にわたり実施してきた文書館所蔵史料の活用に関する取り組みについて紹介してきた。今回の試みの最大の課題はいかに「実物史料に近い形で史料を提示するか」であった。これまでの提示方法は、史料の内容を理解させるために書き下し文や現代語訳を授業で用い、史料は写真のみの提示という形が主であったように思う。

確かに、写真と読み下し文を対比させることで、くずし字をある程度理解できたりはするものの、提供された資料は自ら読解したものではない。そのため、くずし字を読んでみたいという知的好奇心から、一部でも読めたという達成感は、何事にも代えがたい体験となっている。もう一点は、今回使用した史料がすべて地域に関係する史料であったことである。普段から生活している地域の地名や人物呼称が出てくることで、史料への食いつきがかなりよかったことが挙げられる。その究極が、「高校生ワークショップ」の実施へと繋がっていったことは当然の成り行きであったといえよう。

なお、限られた字数のなかで史料の内容を読み取り、記述する方向での大学入試改革や、学習指導要領の改訂が進んでおり、(6) 今後はこうした「史料から歴史的背景を読み取る力」が学校教育現場でもますます求められてこよう。そうした動きのなかで、実物史料を取り扱うことが閲覧利用で可能な文書館の役割は、これからも貴重な存在といえるかも知れない。史料を後世に遺すための活動を高校生たちに伝えていくことができたなら、博物館や図書館との新たな違いを文書館はアピールできるのではないだろうか。

今後とも、関連部署や機関と連携しながらこうした取り組みが続けられていければと願っている。

註

（1）二〇一六年九月五～九日にかけて韓国ソウルで開催されたＩＣＡ（国際公文書館評議会）ソウル大会でも、子どもたちと文書館との関わりについて、意見が出されていた。

（2）当初のメンバーは、下山忍（委員長：越谷北高）・韮塚雄一（副委員長：本庄高）・福田徳宣（上尾高）・堀口博史（上尾橘高）・磯部友喜（戸田翔陽高）・猪熊孝文（所沢中央高）・高橋朝彦（熊谷西商）・福島巌（越ヶ谷高）・文田達也（浦和西高）・三宅邦隆（浦和高）・飯田敦（幹事：高校教育指導課）・浅海純一（同）・遠藤智久（同）・榎本貴一（同）・中村修二（同）である。また当館からは、筆者の他に太田富康（公文書担当）・兼子順（古文書担当）・内藤ふみ（地図担当）がメンバーとして参加した（所属はいずれも当時）。なお、各委員は人事異動の関係で年度による入れ替えがあったことを付記しておく。

（3）学習活動として「立場に分かれて考える」「学習者たちが互いに対話する対話する活動」「価値判断する活動」を用い、一問一答型の穴埋め式の学習に代表される「暗記型歴史学習」の対極にある学習法。愛知教育大学の土屋武志教授らが提唱している。

（4）アクティブ・ラーニング（AL）とは、教員による一方的な講義形式の教育とは駁なり、学修者の能動的な学修への参加を取り入れた授業・学習法の総称（教育局市町村支援部義務教育指導課作成「ALについてのQ&A」より）。

（5）当日の研究大会の内容については、全歴研ホームページの『全歴研60年のあゆみ』参照。

（6）二〇二〇年度からの大学入試改革について、国立大学協会入試委員会は、文系・理系を問わず国立大の全受験生に対し、國語を基本に八〇字以内の短文形式と、より字数が多い形式の計三種類の記述式問題を課す方針案をまとめている」（『朝日新聞』二〇一六年十二月四日朝刊記事）。また、二〇二二年から高校で実施されている新学習指導要領では、従来の世界史・日本史・地理の各A・B科目に代わり「地理総合」と「歴史総合」が必修科目となり、選択科目として生徒がみずから調べて考える「日本史探究」「世界史探究」「地理探究」が設置された。課題は多いが文書館史料利活用の好機と捉えたい。

Ⅱ　文書館における史料保存

一　行政文書の劣化状態調査

1　行政文書を取り巻く環境

紙の酸性化問題が叫ばれて久しい状況にある。とくに図書館では、一九八〇年代から本に使用される酸性用紙が問題となり、中性紙に切り替えることが行われている。(1)

しかし、行政文書の酸性紙問題については、印刷された図書などの紙質より良質のものが使われているであろうという認識からこれまであまり検討されることがなかった。(2) さらに、行政文書内には各時代を代表するさまざまな複写物（コンニャク版・シアゾコピーなど）も使用されており、これらの劣化も問題になっている。(3) また、近年は環境問題優先から、リサイクルペーパー（再生紙）の使用が推奨されており、紙質に不安があるこれらが行政文書に多用されているという問題もある。(4)

行政文書は公務の傍らで日常作成・利用されることが多く、文書館に引継・移管された後もその利用状況は変わることはなく、利用による人的劣化も生じている。

このような、現状を鑑み、本章では埼玉県立文書館に収蔵されている行政文書の劣化状況を調査した結果を報告し、今後の保存対策の一助にしようとするものである。

2　行政文書の現況と調査の実施方法

（1）　行政文書の管理状況

埼玉県の行政文書は、一八七一年（明治四）の置県以来保存されてきたが、九六年から九九年にかけて保存規則を定めて整理を行い、九八年八月には文書の種別として、第一種＝永久保存、第二種＝一〇年保存、第三種＝一年保存として以来、県庁の文書庫で保存されてきた経緯がある。[5]その後、終戦時の焼却処分《しょうきゃくしょぶん》や一九四八年（昭和二十三）の県庁火災の際に焼失してしまった一部の文書を除き廃棄は行われなかった。[6]しかし、一九六三年頃に文書庫のスペース上の問題から、現在、国の重要文化財に指定されている明治〜昭和戦前期の文書の廃棄案が浮上、緊急避難策として県議会図書室書庫にて保管されるに至った。のちに県立図書館内部に設置された文書館（旧館）の設立に伴い移管された後、現在の文書館（新館）書庫に保存されたという歴史を持つ。[7]

なお、一九九一年（平成三）三月一日に施行された「歴史資料の保存及び利用に関する規程」に基づき、文書館では第一種文書＝一一年以上保存文書の管理委任や引継による収集のほかに、第二〜五種＝一〇年〜一年保存の行政文書のなかから、これまで収集してきた学術・研究・歴史上、とくに必要と思

われる文書の継続収集・公開も行なってきたが、現在はその後の規程改正により文書館による収集作業は行われていない。(8)

かかる経緯を経て収集された文書は、旧館に引き継がれた当時は、厚紙の表紙に紐綴《ひもと》じ製本（初期製本）されていたが、虫損や汚損から守る理由でその後に洋製本化されている。(9)現在、製本化された文書は電動集密書架に配架されている。

（2）調査の対象と調査方法

劣化調査《れっかちょうさ》の対象としたのは、市町村政に関わる文書群である。理由は、①明治期〜昭和期までほぼ毎年の文書が残っている、②県だけでなく県内市町村からの多様な用紙も多く綴じられているからである。当該簿冊の分類項目は、一八九五年十月改正施行の「埼玉県文書保存規則」および一九二六年（大正十五）八月改正施行の「同規則」によった。(10)文書管轄課の変遷は次のとおりである。

庶務課（M4・12）→第一課（M9・1）→庶務課（M16・5）→総務課（M19・1）→第一部議事課（M19・8）→内務部第一課（M23・11）→第一部内務課（M23・4）→内務部地方課（M40・7）→内務部地方課・庶務課（T12・7）→総務部振興課・庶務課（S17・6）→内政部地方課（S17・11）→内務部地方課（S21・2）→総務部地方課（S24・5〜H5・3）→総務部市町村課（H5・4〜H9・3）→総合政策部市町村課（H9・4〜H21・3）→企画財政部市町村課（H21・4〜現在）

行政文書劣化状態調査票			No.
文書番号	明・大・昭・平	形態	簿冊・ファイル
簿冊(ファイル)名	「　　　　　　　　」		
サイズ	縦　センチ×横　センチ×厚　センチ（B5. A4）		
作成年月日	明・大・昭・平　　年　　月　　日		
文書件名	「　　　　　　　　」		
簿冊中の位置(初・中・終) 紙の種類　　和紙・洋紙(　　) 外見上の所見　汚損(有・無)　破損(有・無)　虫損(有・無) 変色(有 {中程度・激変} ・無) 劣化の程度(良好・通常・やや難・折る切れる・崩壊) PHの測定位置(左上・右上・左下・右下) PH値(　　)			
備考.（写真貼付欄） 保管場所　保存庫　　調査年月日 調査者			

図11　行政文書劣化状態調査カード

実際の調査は【図11】の「行政文書劣化状態調査カード」を元に、明治七年度―昭和五十八年度までの現在、当館で公開している各年度完結の引継文書から、ほぼ毎年一件ずつの文書を無作為にサンプリングし、データをとる形で実施した。サンプリングの総数は、一四二点である。

行政文書には、先述したようにさまざまな添付資料が綴じ込まれており、どれをサンプルとして摘出するかが困難となる。今回は調査にあたって①埼玉県起《き》案《あん》用《よう》紙《し》(熊谷県などの旧県を含む)、②国や市町村からの文書で劣化が著しいもの、③コンニャク版や青焼きコピーなど劣化が想定される材質のもの、という優先順位を設け、この基準に従って調査を実施した。

なお、pH測定には、ペン型タイプの簡易測定機である堀場製作所製TwinePHを使用、測定方法は「J.TAPPI紙パルプ試験方法№.49-86」に準拠した方法（本体左端同心円状の平極板部分にサンプル文書を当て精製水を滴下して測定を行う）を採用した。[11]

3　調査結果

（1）各時代の行政文書の特徴

明治期の行政文書　明治期の行政文書について特筆すべき点は、一部の起案用紙に黄色く染められた用紙【図12】が見られることである。これは、次の（史料1・2）からわかるように、黄蘗（キハダ）によって染められた和紙《わし》である。黄蘗は「黄柏」とも書き、古くから防虫効果があることから、これを漉《す》き入れた和紙が経本などに多く使用されており[12]、本文書の保存状態も他の文書に比較して良好である。

【史料1】

「明治十年十二月廿日
甲第百廿七号　本県用紙之儀ニ付布達案伺」
県庁用紙活版印刷ニ用ユルノ外、美濃紙・半紙・半切紙ニ限り、淡黄色黄柏ノ末ヲ漉入セシモノ紙ヲ相用候ニ付、
自今、区村役場并ニ一般人民ニ於テモ、右用紙ニ紛敷黄紙ヲ以、公文申牒等ニ相用候儀ハ不相成候
条、此旨布達候事

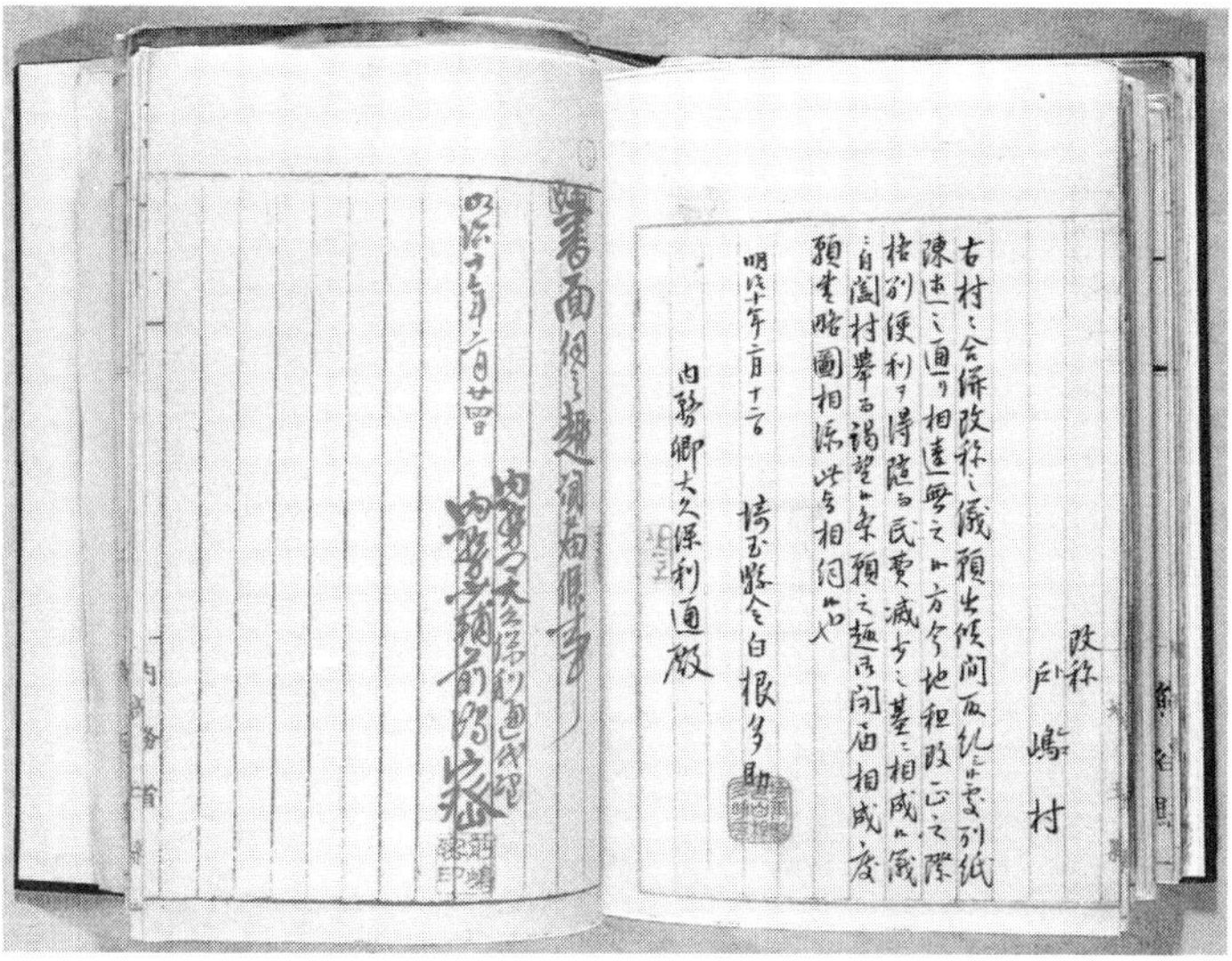

図12　キハダ染文書（右側，明200-21）

明治十年十二月廿五日　　埼玉県令 白根
多助

（埼玉県行政文書 明一五七）

【史料2】

〔県庁用紙ヲ黄色ニ改ム〕

○県庁ニ於テ用イル所ノ楮紙ヲ薄黄色ニ定ム（従前通常ノ白紙ヲ用イシニ孟浪混用公私ノ別立チ難キヨリ薄黄色（黄柏ノ細末ヲ漉入）ヲ用イルトキハ前陳ノ弊無ク且蠹蝕ノ患ヲ免レ官簿保存ノ一端トナルヲ以テナリ是事由ヲ太政官及内務省ニ上申ス

（「埼玉県史提要」(13) 明治十年十二月廿一日部分より抜粋）

なお、（史料1・史料2）から、黄蘗紙の使用は、防虫効果を狙っただけではなく、その主目的が一般文書（区村作成文書・個人作成文書）と県庁作成文書を色で識別することにあったことがうかがえる。また、起案用紙に使用する用紙は楮紙《こうぞがみ》で、サイズは美濃版《みのばん》・半紙版《はんしばん》・半切版《はんせつばん》であったこともわかる。

このほか、起案用紙以外で注目すべき点として、コンニャク版複写文書が挙げられる。コンニャク版は、明治十年代に導入された複写法で、メチルバイオレットと呼ばれる紫色の印刷インクで書いた紙をコンニャクの平面に押しつけてインクを乗せ、その上に印刷する白紙を置いて上から擦る印刷する方法であり、その簡便さから行政文書にも多用された。しかし、メチルバイオレットの性質として、光によって退色するという問題点があり、室内放置では、約六年間で判読不能となってしまうという報告もある。(14) 当館に収蔵されている明治期の行政文書にコンニャク版が登場するのは、一八八二年（明治十六）からで、その初見とされる一八八一年よりはやや遅れるが、三十年代以降は、頻繁《ひんぱん》に見られるようになる。(15) なかには、【図13】のように、かなり判読しづらくなってきているものも含まれており、早急な写真撮影による複写などの対策が望まれる。

なお、サンプリングしたコンニャク版文書のpH値は四・九であった。

大正期の行政文書　大正期の行政文書の特徴について、まず挙げられるのは明治末年から大正前半期にかけて一部の起案用紙に洋紙や楮紙にドウサ（膠液《にかわえき》のなかに明礬《みょうばん》を少量加えたもの）を引いた和紙（一九二一年〈大正十〉前後のみ）が、見られるようになってくることである。これらの用紙には、いずれもインクによるペン書きが成されていることから、この時期を境に、これまでの「墨と筆」という筆記法から新たな筆記法＝「インキとペン」に変化していった過程が読み取れる。

なお、行政文書のインキ使用に関する法令については、次の【史料3】がある。

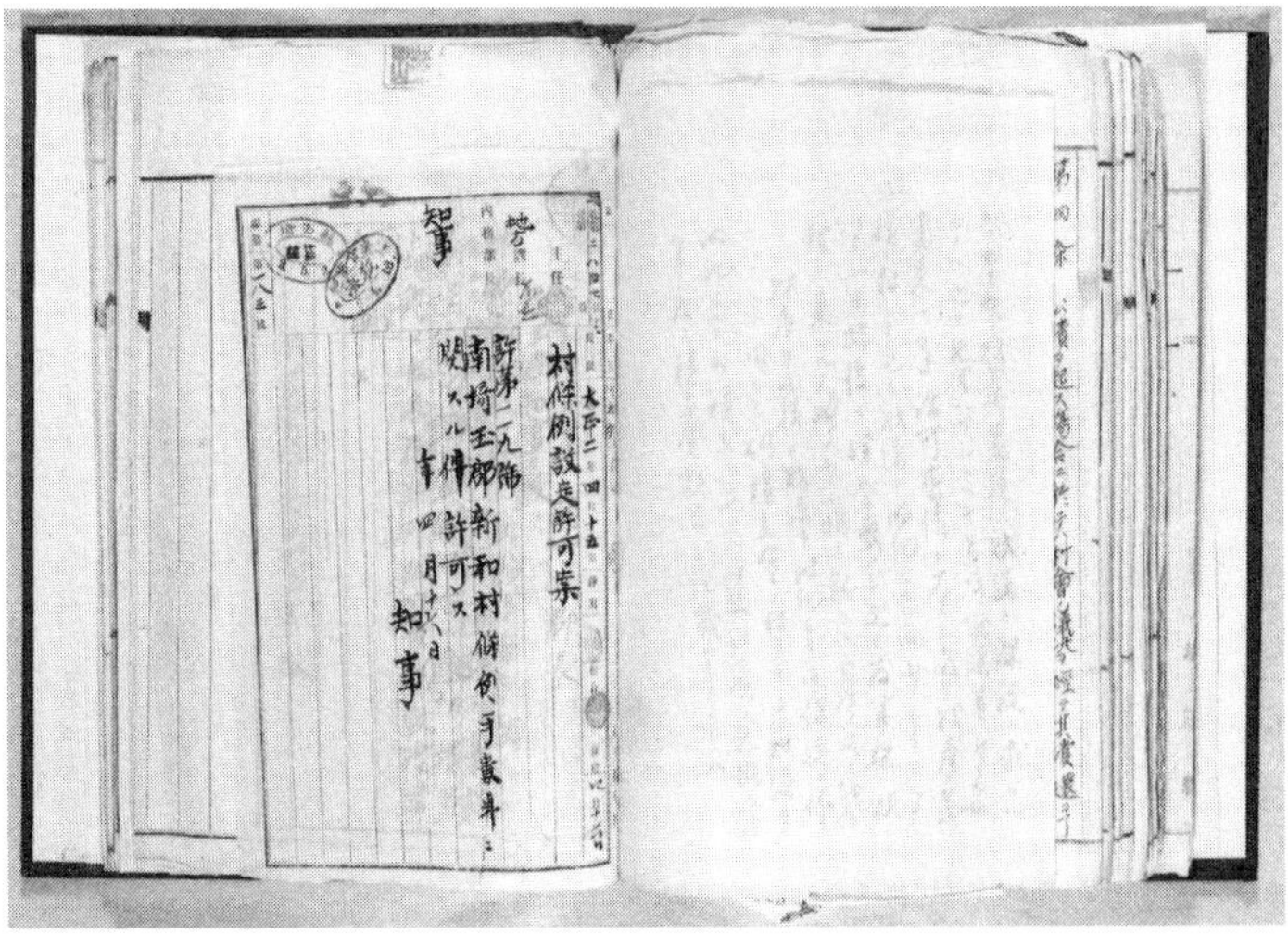

図13　コンニャク版（右側）による複写文書（大 190-183）

【史料3】

明治九年　太政官達第二九号

自今公文に洋製の墨汁（インキ）を用ヒ候儀不相成候、此旨相達候事

但洋文ヲ洋紙ニ書スルハ此限ニアラス

（『法令全書』明治九年 二九一頁）

このように、明治初年段階では、インキの使用が禁止されていたことがうかがえる。その最大の理由としては、①当時のインクは年月がたつと消える恐れがあった、②国内における洋紙の大量生産技術が未熟なため、普及していなかったことが考えられるが、大正時代になるとこれらの問題をクリアするような製紙技術が発達したため、ペン書き＝インクの導入が普及したのであろう[16]。しかし、この洋紙の大量生産がのちの酸性紙問題に関係していることを忘れてはならない。

このほか、この時期の起案用紙の特徴としては、これまで用紙の納品業者名が記されることはなかったのに対し、「忠臣堂納」といった具体的な業者名が印刷されているのが一部に見られる。これは、先の洋紙の起案用紙の大量生産と関係があるものと思われる。

なお、形態の変化としてはこの時期（明治四十年代）の起案用紙から「編纂番号」が項目として追加されている。これは、一八九六年より施行された「文書保存規則」[17]第一三条の「（前略）文書編纂主任ニ於テ、文書ヲ受ケタルトキハ、直ニ其欄外ニ番号ヲ付シ、（以下略）」に倣い、これまでは、印判で処理されていたものが形式化されたものであろう。

昭和戦前・戦中期の行政文書　戦前・戦中期の行政文書の特徴において、まず挙げられるのが紙質の著しい低下である。これは戦時体制下という時局も大きく関係していようが、これまで目に見える著しい劣化が見られなかった文書の表紙（鑑）に使用される起案用紙でさえ、顕著に劣化を確認することができる。

また、紙質の異なる文書が混在し始めるのも、この頃の特徴である。このことは紙の生産種類が著しく向上したことを裏付けているが、その一方で、安くて質の悪い用紙が行政文書中にも導入されてくる結果を生んでいる。この傾向は、すでに洋紙が導入された明治期の文書でも見られる【図14】。はその一例で、紙質の異なる文書同士が接している部分の境目で、空気に触れている部分が著しく変化していることがわかる。この写真からも悪質の紙が良質の紙に影響を与えることが見てとれよう[18]。

次に、青焼きコピー（ジアゾコピー）や青図が大量に普及してくるのもこの時期の特徴である。その

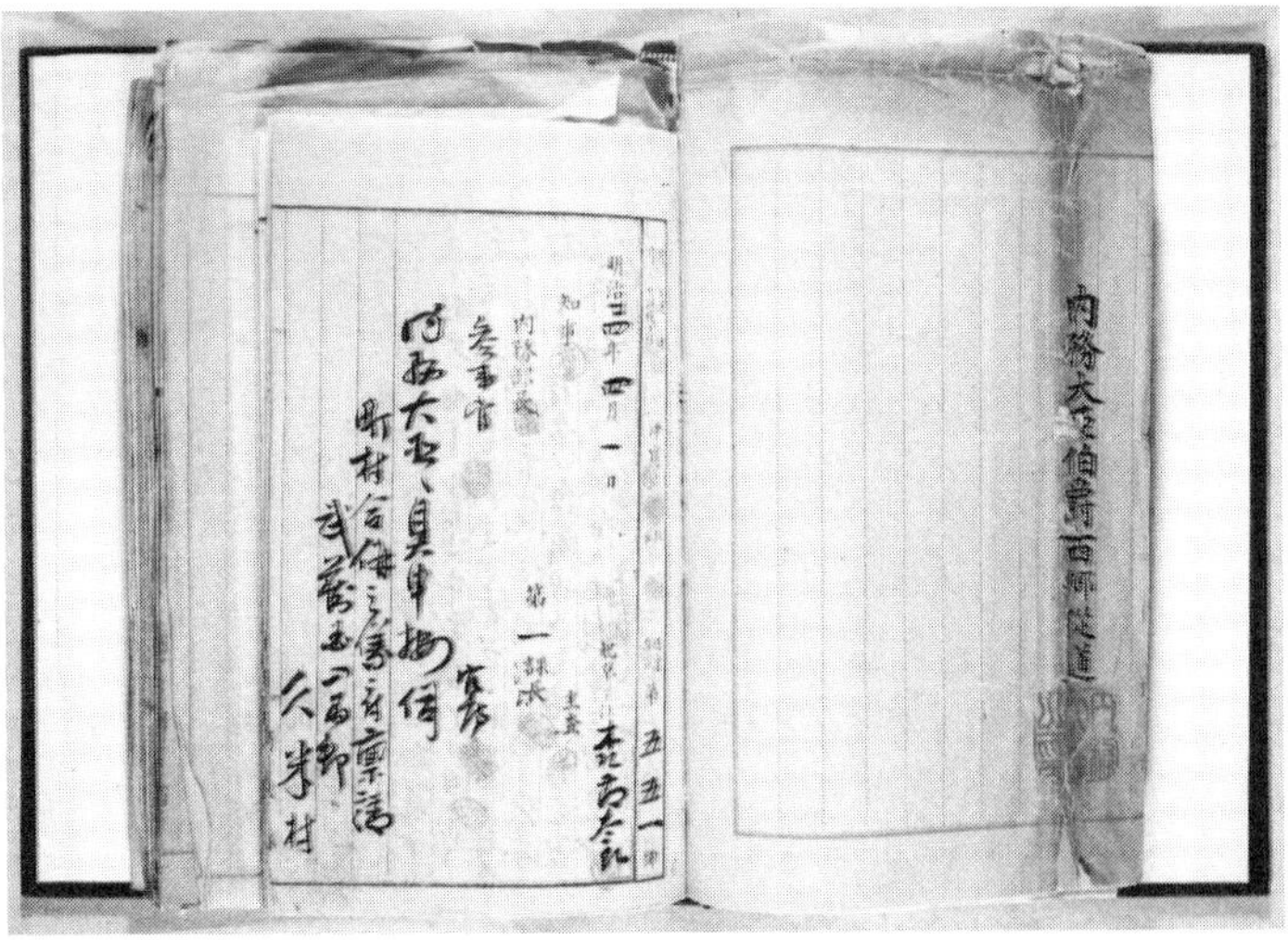

図 14　紙質の異なる文書同士の劣化状況(明 723 の 1-1)

一部には、空気に触れる小口部分が茶色く変色しているものも見られるほか、利用による人的劣化も著しい。現在、青焼きコピーでは、もう一つの難題(くん蒸時の薬剤との化学反応による異臭の発生)を抱えており、課題が多い(Ⅱ—第三章参照)。

なお、この時期の起案用紙の形態の変化として「日本標準規格」のロゴ入り起案用紙が挙げられる。これは、一九二九年(昭和四)に、紙の寸法規格が日本基準規格(JES、日本工業規格＝JISの前身)として制定された[19]ことによるものであろう。この時点で起案用紙の規格が基準化されたといえる。

戦後～現代の行政文書　この時期の行政文書の特徴としては、戦前に増して安価な悪質の用紙が昭和二十年代～三十年代にかけて多く見られることと、前章でも少し触れた再生紙(リサイクルペーパー)が登場してくることである。

前者の問題における主な用紙は、藁半紙や添付資料を入れたクラフト封筒であり、変色が著しく、前述したように他の資料に影響を与える可能性が大きい。また、後者の再生紙に関しては、埼玉県における導入が、一九八五年以降[20]ということで現在のところ大きな変化は出ていないが、日常的に頻繁に使用している罫紙などを中性紙チェックペンでチェックすると酸性を示すことから、酸性紙であることがわかる。

なお、この時期の起案用紙の形態変化としては、まず、一九五六～五八年頃の用紙に「新生活運動あなたは時間をまもっていますか」といった戦後の生活上の改善を目指した世相を反映したロゴが印刷されているものが見られるほか、一九六一年から用紙が縦書用から横書用に改訂されている。また、一九六九年には、簿冊管理に代わってファイリングシステムによる文書管理が導入されたことに伴い、起案用紙から編纂番号の項目が削除されている。一九八五年以降は電算入力の関係から、ファイル名の項目設定が新たに追加され、平成に至ってはＡ４版に用紙サイズが変更されるとともに、ＯＡ化に伴うワープロの機種項目も追加されるなどして、現在に至っている。

（２）起案用紙のｐＨ値と変色度

次に前節の結果を踏まえて、起案用紙を中心とする行政文書のｐＨ値と変色度をみてみたい。【表１】は今回調査した結果から一〇年ごとのｐＨデータ平均値を表わしたものである。

【表１】から、ｐＨ値をみてみると前節の劣化状況と同様に戦中～戦後期にかけて著しい数値の低下が見られるものの、全体的に弱酸性値にとどまっている。参考までにこの平均値を起案用紙以外の資料

＝大阪府公報の測定平均値【表2】と比べてみると、起案用紙の方が全体的にはるかにその数値が高いことがわかる。

この結果のみで判断するのは危険だが、「起案用紙の紙質は印刷された刊行物より良質のものが使用されている」とする冒頭の認識は裏付けられたことになる。しかし、これはあくまでも各時代の印刷事情のなかでの話であり、数値的には決して楽観視できるものではない。今回数値が悪かった戦中〜戦後

表1　10年ごとのpH平均値と変色度(起案用紙)

年　代	pH平均値	年　代	pH平均値
1875〜1884	6.5	1935〜1944	5.1
1885〜1894	6.2	1945〜1954	5.1
1895〜1904	6.9	1955〜1964	5.5
1905〜1914	6.1	1965〜1974	5.8
1915〜1924	5.6	1975〜1983　※1	5.7
1925〜1934	5.7	1984〜1994　※2	6.0

注1　調査主体は当館に移管された第一種文書(永年保存文書)のうち，現在公開対象年度となっているものとしたため，1984年度以降の完結文書は調査を行なっていない．

注2　注1の関係から，この期間のデータについては，当館起案の行政文書からサンプリングを行い参考データを採った．

表2　10年ごとのpH平均値(『大阪府公報』)

年　代	pH平均値	年　代	pH平均値
1889〜1899	4.62	1950　〜1959	3.98
1900〜1909	4.03	1960　〜1969	3.84
1910〜1919	4.16	1970　〜1979	4.49
1920〜1929	4.00	1980　〜1988.3	4.69
1930〜1939	4.06	1988.4〜1991	7.68
1940〜1949	3.89		

注　金山正子氏前掲注(11)論文より引用.

期のものについては早急にしかるべき保存対策が望まれる。

（3）その他（補修・製本・フォキシング）の問題点

これまで、紙質が主要因と思われる時代ごとのケースをみてきたが、ここではそれ以外の外的要因による劣化状況をみていくことにする。

まず、挙げられるのが、補修の面でセロハンテープを使用した補修文書が登場してくることである。セロハンテープによる補修は、確かに簡便な補修法ではあるものの、年数が経過するとともに粘着部分からセロハンテープがはずれ、糊部分だけか変色・変質したり、最悪の場合は粘着部分が硬化して開閉できなくなることも報告されている。[21] 現在ではオリジナル史料に対しては絶対に使用してはならないことが保存担当者のなかでは常識となっているが、この常識が一般化されているとは言いがたい。行政文書の場合、当館に引き継がれる以前の原課段階で貼られたと思われるものがかなり見られる。

次に、初期製本段階での裁断問題が挙げられる。これは、冒頭で述べた当館引継以前の初期製本段階で行われたもので、当初は行政文書を平積みし、その底部に簿冊名を記すことになっていたが、その部分が裁断されてしまったものがある。このほかの問題としては、サイズを簿冊中最も多いサイズに統一するために、折り込んだりといったケースもまま見られる。

また、マイクロ撮影時には洋製本を解体しなくてはならず、その際に喉部分を切断するという犠牲を払っている。この点は、保存・利用するための代替物作成という観点からは止むを得ないが避けたい行

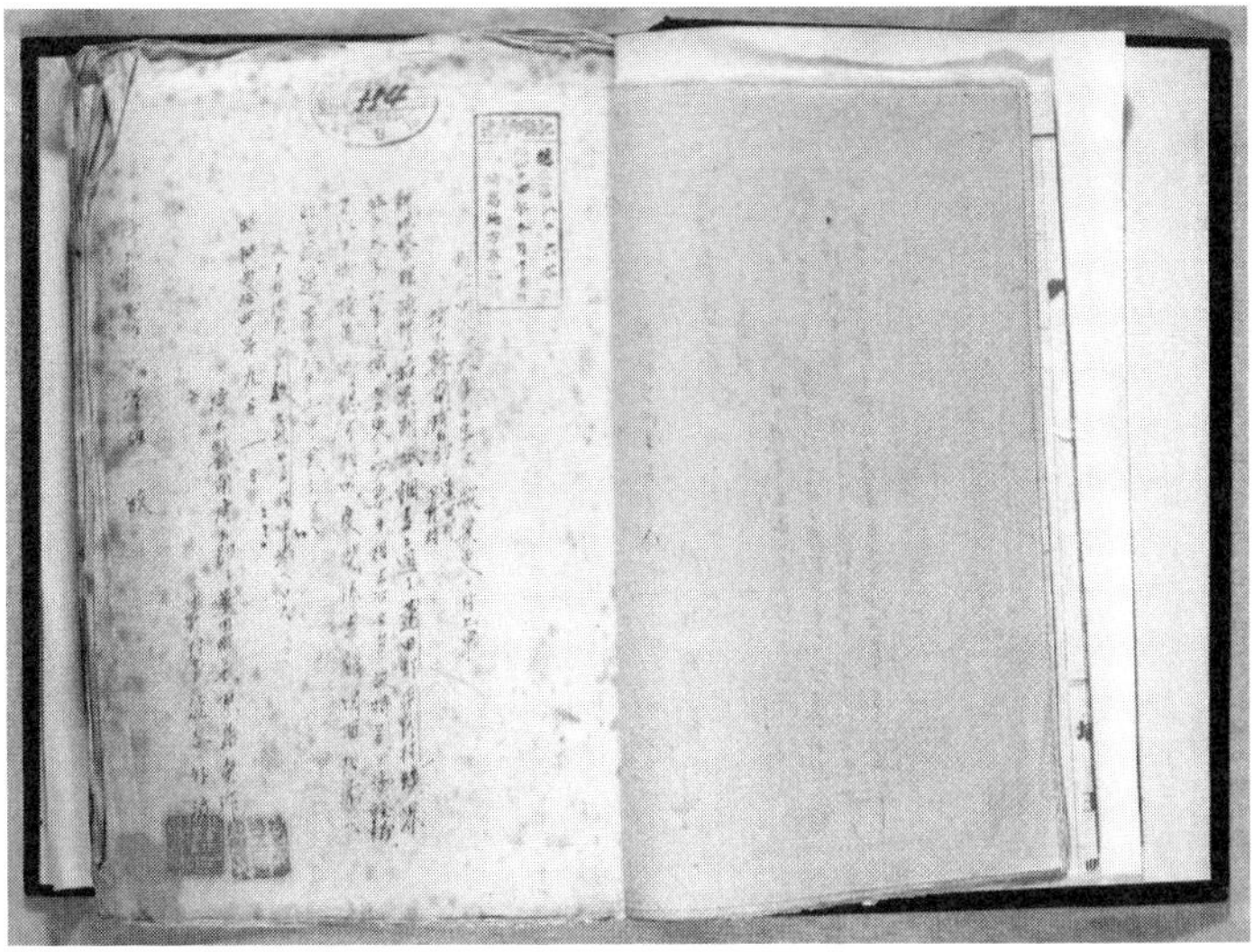

図15　フォキシングの発生した文書(8727)

為ではある。

なお、現在、一九七九年度引き継ぎ分からは、市販のファイルボックスによるファイル単位での管理措置がとられている。その紙質を中性紙チェックペンで検査したところ、即座に酸性を示した。この点は、事務用品の中性紙化という面から史料保存上の大きな課題である。

このほか問題になるのが、保存環境の悪い場所に置かれていたためか、一部の文書にカビやフォキシング【図15】が見られることである。行政文書は現在、当館に引き継がれる際にくん蒸されているほか、館内の温湿度は一定に保たれており、館内での新たなカビやフォキシングの発生は、まずないと思われる。ただし、一度菌が付着してできる黒や茶色のシミは、菌が死んだ後も残ってしまい、除去するのが困難となる。引き継ぎ前の保存環境が気になるところである。

4　文書保存管理規則と保存管理

最後に、今後の保存管理を考える上で過去の文書保存管理規則や保存方法のなかから参考になるものを掲げ今後の参考としておきたい。

【史料4】

丙第五六二号

知事官房
内務部

文書保存規則別紙ノ通定メ、明治二十九年一月一日ヨリ施行ス

明治二十八年十二月七日　埼玉県知事　男爵千家尊福

文書保存規則

第一条　知事官房及内務部ノ文書ハ此規則ニ依リ整理保存スヘシ但、知事官房ニ属スル秘密文書ハ知事官房ニ於テ整理保存スヘシ

（中　略）

第二十条　文庫ノ開閉ハ第一課ニ於イテ之ヲ主管シ、其管鑰ハ退庁ノ際、当宿直ニ托スヘシ

第二十一条　保存文書ハ毎年一回秋季ニ於テ曝書ヲナスヘシ、文庫ハ少クトモ三箇月毎ニ一回掃除ヲナシ、蠹魚ノ蝕害・湿気ノ浸入等ニ注意スヘシ

第二十二条　文庫中ニ於テ喫烟及一切ノ火気ヲ使用スルコトヲ禁ス、若シ急要事件アリテ、夜間出入ヲナサヽルヘカラサル場合ニ於テハ、篤ク燭火ノ使用石油灯火ヲ禁スニ注意スヘシ

（以下略）

（埼玉県行政文書　明一九二七）

【史料4】は、一八九六年（明治二十九）一月に施行された本県の文書管理規則全二十三条[22]のうち、文書の保存管理に関する部分を抄録したものである。第二十条は文書庫の防犯管理に関するもの、同二十一、二十二条は、文書庫の環境整備と防災を義務づけたもので、現在でも充分通用する基本的な内容となっている。ちなみに、現在の文書管理規則に該当する「埼玉県文書規程」には、この文書課文庫における保存管理に当たる条文は見当たらない。

なお、第二十一条の曝書《ばくしょ》に関する事例として、明治〜昭和初年の簿冊中に薬包のような、紙包が一冊につき二〜三包見られた。これは防虫剤（樟脳《しょうのう》カ）の包みと考えられる。紙包は、廃棄《はいき》文書《もんじょ》の一部を使用して作られており、戦前までは、規則に則って曝書の際に薬剤交換をしていた様子がうかがえる。

文書館では、現在年二回の曝書を実施しているが、これは慣例化しているものの、明文化はされていない。文書管理の最も基本的な部分を明文化しておくことの重要性を改めて認識させられる[23]。

5　保存における文書館の役割

行政文書は日々作成されているものだけに、職員にとっても保存管理に対する認識が薄れがちである。しかし、調査を実施してみて作成から二〇年も経過していない文書のなかにも劣化している文書が多いことが確認できた。これらについての保存対策については、追って保存計画を立案し、検討していかねばならないが、当面の対策としては、中性紙保存箱への納入が有効ではないかと思う(24)。

なお、文書の保存管理を考える上では、具体的な保存対策もさることながら、文書管理に対する全庁的な取り組みが重要なポイントとなることはいうまでもない。

今後は、さまざまな面からも当館だけでなく、文書課などの文書主管課と協議しながら、文書のライフサイクルの一過程として保存管理を位置づけ、文書発生時点から文書館収蔵後までのケア（起案文書は原則として添付資料も含めて中性紙を使用、原課での保存に利用する文書保存箱の中性紙化など）を考えていく必要があろう。こうした取り組みを行うことが、文書館が後世に至るまで行政組織内において重要な役割を担っている機関であることの証となるはずである。

註

（1）図書館における酸性紙対策に関する取り組みについては、日本図書館協会資料保存委員会編『図書館と史料保存―酸性紙問題からの10年のあゆみ―』（雄松堂出版、一九九四年）参照。

（2）ここでいう「行政文書」という名称は図書館用語（図書館問題研究会編『図書館用語辞典』角川書店、一九八二年参照）であり、公文書館法が施行された今日においては適切な用語ではないかもしれないが、本章では当館の例規に従い、この用語を使用する。

（3）全史料協編『記録管理と文書館』（同協議会、一九八七年）二九頁参照。

（4）近年、この再製酸性紙問題は著しく改善され、再生中性ＰＰＣ紙なども出回るようになってきている。しかし、中性紙と酸性紙は再生の過程で混入できないなどの理由から、古紙回収上の問題点も残っている（原啓志『紙のおはなし』㈶日本規格協会、一九九二年）。

（5）埼玉県の近代における行政文書保存関係規則については、原由美子「近代における地方行政文書保存関係資料Ｉ―埼玉県郡市町村の場合―」（『文書館紀要』第二号、一九八七年）に詳しい。

（6）戦中・終戦時における本県の行政文書の廃棄・焼却については、芳賀明子「失われた行政文書―戦中・終戦時における行政文書の廃棄について―」（『文書館紀要』第八号、一九九五年。なお、『同書』からの出典は以後『紀要八』とする）を参照されたい。また、一九四八年（昭和二十三）の県庁火災の際に失われた文書を補完する事業として、当館では、市町村に対して出されたこの時期の県からの行政文書をマイクロフィルムによって収集する「戦中戦後行政文書補完事業」を実施している事を付記しておく。

（7）吉本富男「所沢市立文書館への期待―埼玉県立文書館の運営をとおして―」（『所沢市史研究』第一六号、一九九三年）。

（8）この点の文書規程およびシステムについては、栗山欣也「文書の保存と史料の保存」（『文書館紀要八』）に詳しい。なお、現在は埼玉県文書管理規定の第三十八条に「歴史公文書（歴史資料として重要な文書等をいう）は「第一種文書に区分し、保存するものとする」とあるのみであり、アーカイブズの理念と行政文書の保存延長が混在する規定となっている。

（9）明治期行政文書の洋製本過程については、谷澤道子「明治期行政文書原本保全事業について」（『紀要八』）を参照されたい。なお、そのなかで谷澤氏も指摘しているが、第三章で後述するように明治期行政文書原本保全のためのマイクロ化事業過程における、製本解体と再製本による原本破損という新たな問題が生じている。この点は、史料の代替化を考える際に当館の場合避けられない課題であったとされるが、今後マイクロ化事業を展開する際にきわめて重要なポイントとなろう。

（10）埼玉県の明治期の分類基準については、原由美子「近代における地方行政文書保存関係資料II—埼玉県行政文書の分類基準—」（『文書館紀要』第三号、一九八九年）に詳しい。

（11）pHの測定方法については金山正子「大阪府所蔵資料の劣化状態調査の提案—『大阪府公報』の調査結果を参考として—」（大阪あーかいぶず』特集号No.3、一九九二年）を参考にさせていただいた。

（12）前掲註（2）『紙のおはなし』。

（13）埼玉県立文書館編『埼玉県史提要 県治提要 内訪納議』（埼玉県・埼玉県教育委員会、一九七七年）二〇七頁。

（14）大西愛「こんにゃく版の話」（『大阪あーかいぶず』特集号 No.2、一九九〇年）。なお、次章も参照のこと。

（15）註（14）に同じ。

（16）前掲註（2）『紙のおはなし』二八頁。

（17）前掲註（5）に全文が掲載されている。

(18) 異紙質文書が劣化要因になっている点については、すでに金山正子が「文書館における史料保存の現状と対策」(『記録史料の保存と修復―文書・書籍を未来に遺す―』アグネ技術センター、一九九五年)において指摘されている。

(19) 小宮英俊『おもしろい紙のはなし』(日本工業新聞社、一九九〇年)八一―八五頁。

(20) 近年使用されるようになった記録用再生紙は、神奈川県庁と製紙メーカーとの共同開発により一九八〇年(昭和五十五)に開発されたという(前掲『記録史料の保存と修復』一九二頁)。なお、埼玉県では記録用再生紙を一九九〇年(平成二)から導入しているが、起案用紙への導入は一九九二年からという(今井正富氏の御教示による)。

(21) 前掲註(11)金山論文、および平塚詩穂「自治体における史料保存の試み―箕面市における現状と課題―」(前掲『記録史料の保存と修復』所収)参照。

(22) 前掲註(5)に全文掲載。なお、本規則は一八九九年(明治三十二)八月に一部改正され、全二十四条となっている。ただし、ここで紹介した文書管理に関する条項は、文体に多少変化があるものの存続されている。

(23) 現在、文書館関係で史料保存に関する要綱・要領などを明文化している館は意外と少ない。関東では、群馬・栃木の各県立文書館と藤沢市文書館などが詳細に規定している。
なお、この点について、「地域史料の保存と管理」(埼玉県地域史料保存活用連絡協議会、一九九四年)では、「(史料の保存が結果的に職人芸の世界になっているのは仕方がないが)最低限の保存措置に関するガイドラインは必要であると考える。それは、史料の保存という業務を次の世代の担当者に間違いなく引き継いでいくためであり、なおかつ既存のガイドラインの検証を将来にわたって保証していくためである」としている（『同書』一四四頁）。

(24)　木部徹「表紙は外れたままでよい―貴重書の修復と資料保存―」（前掲『図書館と資料保存』所収）では、フェイドボックス（中性紙保存箱）の有効性を指摘している。なお、その種類と形態については相沢元子ほか著『容器に入れる―紙資料のための保存技術―』（シリーズ・本を残す3〈日本図書館協会、一九九一年〉）、および前掲『地域史料の保存と管理』七七～九二頁を参照されたい。現在、重要文化財となっている明治～戦前期の「埼玉県行政文書」については、スチール棚はめ込みの中性紙保存箱によるＢＯＸＩＮＧを実施済である。本書II―第三章参照。

二　記録の残し方

1　教会資料の収集

本章では、公文書館から離れて、民間アーカイブズの一つの事例として、教会史や教会アーカイブズの取り組みにあたり教会資料を収集するときに、まず何から行えばよいのかについて述べてみたい。

（1）　教会資料はどこに保存されているのか？

教会事務室　教会資料の基本となる資料は、事務担当者が執務している事務室などに保管されていることが多い。ただし、過去のすべての教会資料が事務室のロッカーなどに年次別にきちんと保管されているというケースはきわめて稀かもしれない。

教会のなかには、教会組織に「文書管理規程」などが設けてあり、将来にわたって残すべき必要な書類を定めているところもあるが、大半は当該年度か古くても二、三年前までの資料を残し、それ以前は廃棄してしまっているケースが多いのではないだろうか？

また、近年は、紙ベースではなく、電子媒体《でんしばいたい》でそのまま文書を保存しているケースも多く見られる。そのような場合、パソコンやワープロの機種が現在のハードやソフト、ＯＳ（オペレーティングシステム、以下同）に対応していないため、読み込めないことがしばしばある。

教会員個人所蔵　教会事務室で保存していない過去の教会資料は、最終的に個人の信徒が所蔵している資料に頼らざるをえないことになる。信徒によっては、過去の教会資料を個人的に整理している方もおられるので、長い期間役員をされた信徒を中心に資料の供出を呼びかけることになる。その際に気をつけなければならないのは、「総会資料」や各行事のリーフレット、「週報」「礼拝次第」といった教会が発行した記録だけでなく、個人的に撮影した記念写真や説教記録なども協力を得られれば借用し、コピーや写真撮影による複製資料を作成しておくことが大事である。

このほか、教会によっては母教団の本部や関係する教派の大学図書館・研究機関などに古い資料が残されていることがある。

地域資料保存施設　なお、教会に直接関係する資料だけでなく、地域の博物館や資料館・図書館の郷土資料室といった資料保存施設には、地域の信徒が個人宅で保管してきた資料が一括して寄託・寄贈されているケースがある。また、教会の関係資料や地域の風景として撮影された教会の古写真などが収蔵資料のなかに存在している可能性もあるので、一度訪れて調査する必要があるだろう。

一方、都道府県立の文書館や公文書館には、教会設立に際しての許認可申請などに関する行政文書が保存されており、閲覧することが可能である。

(2)　調査はどのように実施するのか?

さて、では実際に資料の所在を調べるにはどのようにしたらよいのだろうか。

一つは、教会資料を管理してきた牧師や役員、事務員の方にその所在場所を確認することから始める。次に、個人所蔵の資料については、信徒へのアンケートや会報を通じて資料の供出を教会員へ呼びかける。また、牧師や信徒が異動していることもあるので、異動先の関係教会へ打診するといったことも必要だろう。

(3)　収集にあたっての注意点

資料収集の原則　資料の所在場所を確認したら、次は調査収集の方針を固める段階に入る。資料を収集する際の原則としては、どこに所在していた資料か(出所原則《しゅつしょげんそく》)、そして時代の新旧や内容によって部分収集することはしない(平等原則)という規則に基づいて収集範囲を決定する。収集対象となる資料には、会報や総会資料、教会の各種規則・規程、各種行事のポスターやトラクトといったものや、各種会議録、信徒名簿や会計記録といったものがある。

次に整理段階においては、綴《と》じてある資料等の形態を壊さない(原形保存)、袋や箱に何通も文書が入っている場合、その状態のままで崩さずに整理する(原秩序の維持)、どの部屋の、どのロッカーや箪笥にどのような状態で保管されていたかを記録しておく(記録の原則)といった各原則に則り整理を

図16　調査カード

教会資料調査カード

所蔵者名	生年月日
住所・所在地	電話
	FAX

所蔵者およびその関係者と所属教会との関わり		
年月日	関係者名	事象（履歴等）

所蔵資料に関する情報			
資料名称	資料の年代・内容・由緒等	員数	保管場所
備考			
記録者名	調査年月日		

※個人情報であるため、取扱に十分注意すること。

行なっていく。

現物資料の収集と二次資料（聞き取り・写真など）による収集　教会資料は、教会関係の文書・記録といった一次資料だけでは、それらが残っていない場合は空白の期間ができてしまい、教会全体の歴史を紡ぐことができない。そこで、その時代の記憶を当事者にインタビューして記録する、いわゆる聞き取り調査（オーラルヒストリー）が必要で、これが重要な調査方法となる。

ただし、この聞き取り調査は、やみくもに相手に話を聞くだけでは、のちに整理する際に困難をきわめてしまうこととなる。そこで、あらかじめ質問する事項を決めておき、その内容を調査日程とともに先方へ連絡しておくことが大事である。また、インタビューは一人だけに実施するのではなく、同世代の方を対象に複数人に行うことで、より個人の記憶から複数人の記憶＝記録へと確定していくことができる。

調査カードの作成　次に教会資料の基本データ（戸籍簿）となる調査カードを作成する。調査カードには【図16】のように、調査年月日・調査内容などを記録する。また、カードの裏には、資料の保管場所の状況や資料の現状写真を撮影してプリントし、貼付しておくとよいだろう。

この調査カードには、今後の資料所蔵者の連絡先など、個人情報も記されるので、最終的に管理は、牧師や役員ら責任ある立場の方が行うのが望ましい。

2　教会資料の整理

次に、教会資料の一般的な整理方法について簡単に紹介しておきたい。整理の基本的な考え方としては、「誰でも」「いつでも」利用できるようにすることが原則となる。そのために、整理した資料を目録化する作業までが必要となるので、資料に特定できるような整理番号を付す。作業は、①資料の清掃→②封筒などへの納入→③資料カードの作成（【図17】参照）→④データ入力、といった流れになる。

① 資料の清掃　資料についたホコリや塵《ちり》をハケなどで払い落とす。

② 封筒等への納入　中性紙の保存用封筒（後述）に入れ、封筒の表に鉛筆で整理番号を付す。

資料名	１９７０年教会新築当時の写真	整理番号	２５
年　代	１９７０年3月１２日撮影	保管場所	教会事務室内保管ロッカー
作成者	○○○○兄撮影	分類	写真（建物）
形　態	キャビネ版白黒写真	整理年月日	２０１０．２．２２
備　考	○○○○兄寄贈資料。資料の受け入れの経緯については調査カード参照。		
代替化	写真撮影済み。デジタル複写データあり。		

図17　資料カードの記入例

③　資料カードの作成　整理番号・資料名・年代・作成者（著者・出版社）・形態・備考・マイクロ・写真・コピーなど代替資料の有無や保管場所などを記す。

④　データ入力　表計算やデータベースのソフトを使って、資料カードの項目を入力し、目録を作成する。年代順に並べ替えることが可能となり、年表などの作成や資料の検索に活用できる。

3　教会資料の保存と公開

1　資料の敵を知る

教会資料の素材アラカルト　教会資料は、古い教会では明治時代から一五〇年以上前、戦後の教会でも記念誌作成となると、少なくとも七〇年以前の資料を取り扱うことになる。この教会資料の年代の幅から言えることは、この期間が、わが国が墨《すみ》と筆《ふで》という筆記技術期から、近現代の著しい印刷技術発展期へと移行していった時期と重なっているということである。とくに、教会によっては本部・支部から地方の諸教会へと、同じ文書を関係部署に大量に通知する関係からさまざまな複写・印刷技術が取り込まれ、時代とともに記録媒体も大きく変化してきた歴史がある。

近代の印刷（筆記）技術の進歩は著しく、手書きからタイプライター、そしてワープロ・パソコンへと移り変わり、そこで作成された文書も紙の時代から今や電子媒体へと変化していく。【表3】は、時

表3　時代とともに変化する記憶媒体

【支持体の変化】	【記録素材】	【複写技術】
和紙	墨・鉛筆　顔料	書写
↓	↓	↓
パルプ入り機械漉和紙	油性インク・カーボン	コンニャク版
↓	↓	↓
洋紙(酸性紙)	水性インク	カーボン・青図
↓	↓	↓
藁半紙	↓	ガリ版
↓	↓	↓
PPC 用紙	↓	ジアゾコピー
(酸性紙→中性紙)	↓	(青焼き・湿式)
↓	トナー	↓
↓		乾式コピー
再生紙		
(リサイクルペーパー)		
↓		
電子媒体(FD・CD・MO・DVD・HD)		

代とともに変化する記録媒体の変化を支持体・記録素材・複写技術の三つの区分に分け、その代表的なものを時代の古い順に掲げたものである。これらの支持体と記録素材の組み合わせから、さまざまな特徴ある印刷・複写技術が明治から戦前・戦後期につぎつぎと誕生した。その一部を次に紹介しておこう。

コンニャク版　明治十年代より三十年代にかけて多く見られる。「コンニャク版」とは、平板印刷の一種で、紙にインキで文字を書き、これをコンニャクに乗せて写し取り、反転させた印写版を作る方式だが、実際にはコンニャクではなく寒天《かんてん》を用いることもあったという。なお、コンニャク版に使用される紫色のインキ「メチルバイオレット」は光に対してきわめて脆弱《ぜいじゃく》であり、すでに褪色《たいしょく》して判読しにくくなっている文書も見られるので、光を

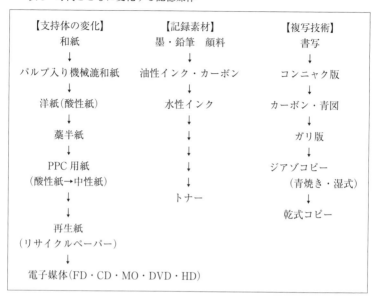

遮断した保管方法を選択し、原資料の利用を極力避けるとともに、写真等による代替物での対応が必要となる。

カーボン紙　雁皮紙《がんぴし》に蠟《ろう》と油を混合して、これに油煙《ゆえん》、紺青《こんじょう》などを配合して塗布《とふ》したもので、二枚の紙の間に挟んで鉄筆やボールペンなどで書いて、下紙に複写する。二、三枚の複写はとれるが、数が増えるほど下にある転写紙は不明瞭となる。

なお、大正初期に和文タイプが考案されてからは、タイプ紙とカーボン紙を重ねた利用も見られる。

謄写版《とうしゃばん》（ガリ版）　一八九四年（明治二十七）、日清戦争による需要に合わせるように、堀井新治郎《ほりいしんじろう》父子が鉄筆による謄写版を発明し、急速に普及した、いわゆるガリ版・孔版《こうはん》と呼ばれる印刷技術である。明治末から一九七〇年代まで、広く教会資料に用いられていた。コピー機が普及するまでは、おそらく教会資料の大半はガリ版印刷によるものであったといってもよいだろう。なお、ガリ版に用いられる油性インキは経年によって油滲《あぶらし》みが生じてくるので、文字が判読できなくなってしまうこともある。

青図（青写真）　ヘキサシアノ鉄酸塩による青写真の陰画で、建築図面などに見られる。画像は、一部白地に青線で示されるタイプもあるが、一般的には、青地に白線で示されるタイプが多い。なお、青図は光や水に弱いため、高温多湿の環境や長時間の蛍光灯《けいこうとう》による紫外線露光《しがいせんろこう》などは避けなければならない。また、折り畳まれて簿冊に綴じられていることから、折り目部分の劣化が著しいものがあるので、取り扱いには注意が必要である。

青焼き　ジアゾコピーとも呼ばれる陽画で、白地に青線で示される。炭素《たんそ》窒素《ちっそ》化《か》合物《ごうぶつ》＝ジアゾを

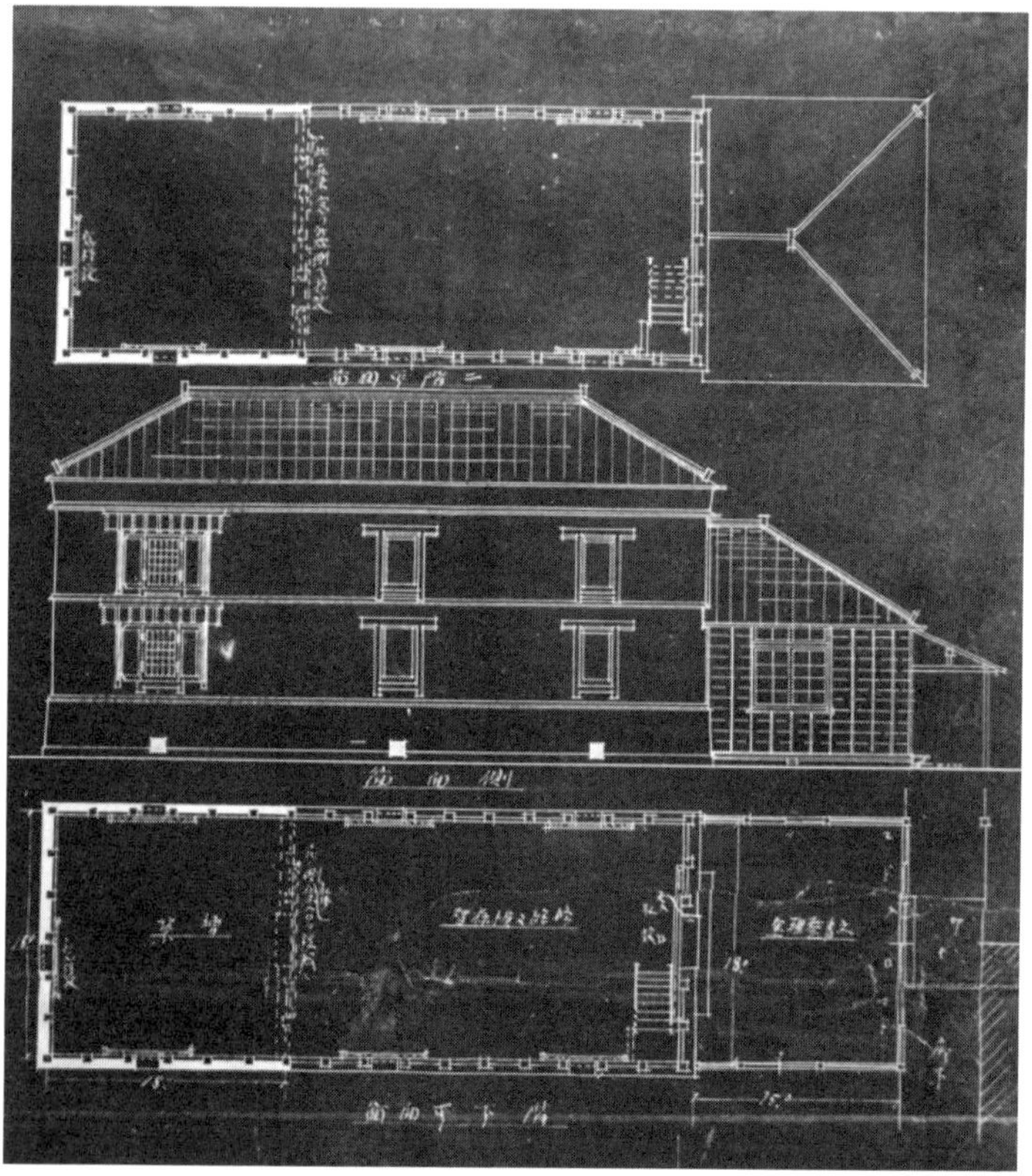

図18　青図による建築図面（埼玉県行政文書　大922　大正8年3月11日「県庁舎増築工事」）

塗布した紙を感光させ、湿式の現像液を使ってコピーを作成する技術であり、先の青図とともに、教会の建築図面などに広く用いられてきた。

青図も青焼きも、感光紙なので、光によって褪色しやすく、また現像液の残留による赤茶変色が見られることもある。

写　真　教会資料には、多くの白黒やカラー写真が残されている。これらの写真資料には、セピア色に褪色したもの（「黄変化」）や、「銀鏡化」が一部に見られることがある（黄変化・銀鏡化は後述）。また、ネガフィルムは市販のネガフォルダーなどによって分類整理した上で、高温多湿を避けて保管する必要がある。とくに、カラーフィルムは経年変化による褪色が著しいため、スキャニングするなどして、早めにデジタル媒体に変換しておくことが肝要である（フィルムの劣化については次章参照）。

そ　の　他　このほか、教会資料には、チラシ・パンフレット・新聞、文献などが見られる。これらの資料はいずれも彩色を伴うものや、紙自体が粗悪なものもあり、とくに新聞などは原料に使用されている木材から派生するリグニンの影響で茶変色が生じるとともに、後述するように酸性劣化が生じる。まずは利用のための複製物を作成し、原本は保存する措置が必要となる。

以上、教会資料の特徴をいくつか紹介してきたが、総体的に言えることは、支持体・記録素材、さまざまな複写技術の三つが複合的・重層的に使用されているのが大きな特徴であるということになる。

なお、このほかの特徴として、編綴技術《へんてつぎじゅつ》の変遷がある。具体的には、こより、麻紐《あさひも》、虫ピン・鋲《びょう》（鳩目）といった綴じ方（綴じ具）の変遷である。現在のホッチキスやクリップといえば理解していただけるだろう。

保存の観点から、「こより（紙縒）」や「麻紐」はそのままでよいものの、虫ピンや鋲・ホッチキス・クリップなどはいずれも金属で錆《さび》による本紙への劣化を防ぐため、除去しておく必要がある。

教会資料の敵　ここでは、教会資料にとって劣化の原因となる「敵」について見ていくことにする。教会資料の「敵」は以下に掲げるように外的要因と内的要因の二つに大きく分類することができる。

このうち外的要因には、光（紫外線）・温度・湿度といった環境要因、大気に含まれる窒素酸化物のような化学的要因、そして、カビやネズミ、虫（シバンムシ・ゴキブリ・シミなど）といった生物的要因、そしてヒト（利用者や職員など）の不適切な取り扱いによる劣化や製本方法などによって生じる物理的要因、さらには地震・水害・火災といった災害がある。

また、内的要因には、代表されるものとして、紙の酸性劣化とインク焼け、写真の「黄変化」や「銀鏡化」といったものがある。

紙の酸性劣化とは、紙の製造過程でインクの滲み止めとして用いる硫酸アルミニウム（硫酸バンド）が加水分解して、紙のセルロース組織を崩壊させる現象で、酸素（空気）に触れると、紙は「酸化」によって劣化し、茶変色する。とくに一九四〇年代の紙は、第二次世界大戦による物資不足の影響で粗悪なため、劣化が著しいものが多く見られる（前章参照）。

なお、一九八〇年代後半から紙の中性紙化が進むが、それ以前は五〇％以上が酸性紙であり、酸性紙の教会資料をいかに守っていくかが保存の必須条件となる。

インク焼けとは、インクコロージョンとも呼ばれ、高温多湿環境で鉄分を含むブルーブラックインキが酸化することにより紙を浸蝕させ、文字部分が抜け落ちる現象をいう。対策としては光を遮断し、保管場所の温湿度にも注意を払う必要がある。

写真の「黄変化」は、焼き付け処理の過程で使用する定着剤のハイポ（チオ硫酸ナトリウム）の水洗が不十分な場合に起こる。また、「銀鏡化」とは、写真の画面が鏡のように光って画像が見にくくなってしまう現象で、オゾンガスや窒素酸化物が原因とされるほか、写真のアルバムや台紙などの保存材料中の不純物や添加物による影響もあると言われている。なお、クリアシートをめくって粘着面に写真を貼付し、再び上からクリアシートで密封するタイプのアルバムは、一度写真を貼ってしまうとはがすことができなくなってしまうので、注意が必要である。

（2）収集した資料をどのように保存したらよいか？

保存のための同心円　それでは、資料をさまざまな外敵から保護するために、どのような保存対策をとればよいのだろうか。【図19】はその概念を同心円で表わしたものである。

まず、最初に手をつけるべきは、資料にもっとも近い部分、すなわち資料を入れるための封筒や容器である「装備」、そして次の段階では、棚や空調（除湿器）、LED照明などの「設備」、最後は保存するための建物＝「施設」となる。

ここでは、そのもっとも基本的な対策となる「装備」と「設備」について、具体的な対策を紹介して

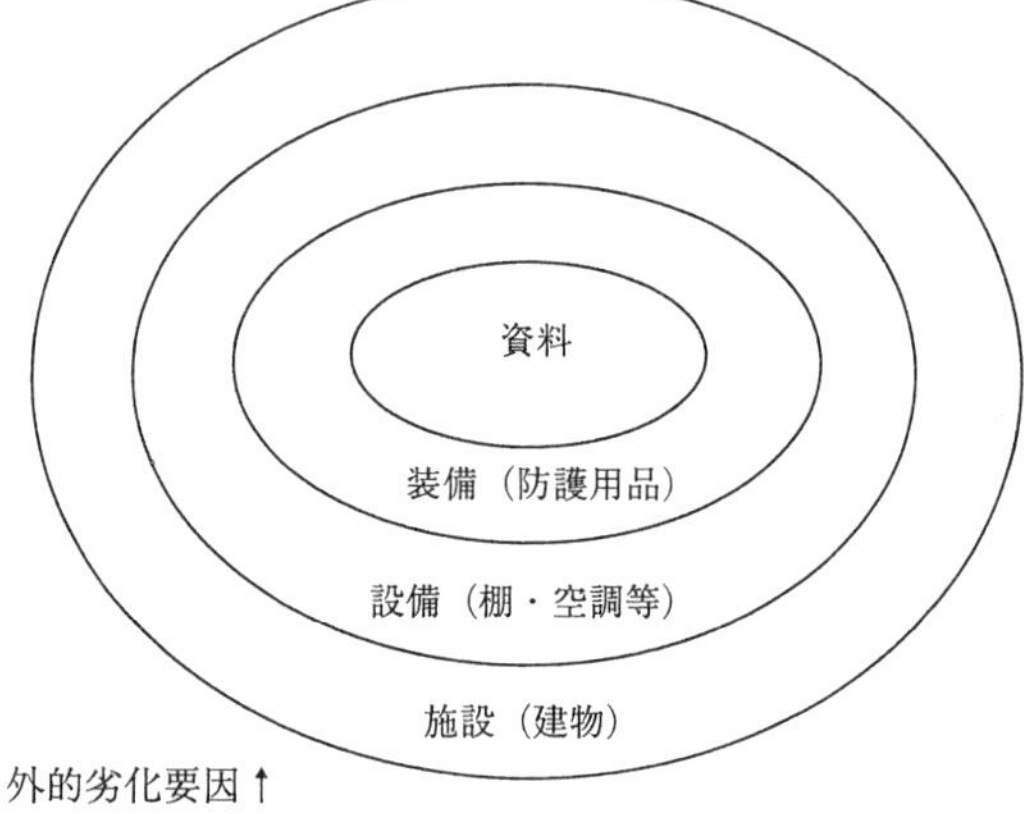

図19　保存のための同心円

みたいと思う。

最初に、教会資料を保存するための「装備」としてもっとも普及しているのが、中性紙（保護用紙）の封筒や保存箱である。これらの中性紙保存用品は、pH七・五〜一〇・〇の添加されたアルカリ緩衝剤を残留させて中性（弱アルカリ）領域にしたもので、汚染ガスなどからの酸性物質を中和《ちゅうわ》する働きがあるほか、収納することにより光を遮断《しゃだん》することになる。

なお、美濃紙《みのし》や細川紙《ほそかわし》などの手漉き和紙は高価だが、洋紙と異なり楮《こうぞ》・三椏《みつまた》・雁皮《がんぴ》などを原料とする中性紙（弱アルカリ紙）なので、和紙で資料をくるむことで中性紙保存用品と同様の効果がある。また、中性紙の保存箱は、既製の棚サイズに合わせた製品や写真整理用のものがあるほか、近年はサイズも多様にあり、収納に便利である。

次に、「設備」については、保存環境に大きく影響する温湿度のための設備が大きなポイントとなる。紙資料の場合、カビの発育条件を防ぐ意味からも一般的に二〇度から二五度、相対湿度は五五％±五％程度の保存環境が適切とされており、一日の変動をなるべく少なくすることが資料へのストレスを軽減させることにもなる。このため、空調管理はきわめて大事であり、こまめな調湿が必要となる。

しかし、教会で資料を保管する場合、こまめな空調管理はコスト的にも高くつく。そこで、建物の全館空調だけでコントロールするのではなく、資料の保管場所に一台から数台の除湿器を配置し、室内の湿度が五五〜六〇％を超えた時だけ、これらを稼働させて湿度を保つ方法がある。さらに、除湿器の導入が困難な場合には、中性紙保存箱の天井部分《てんじょうぶぶん》に湿度を調整してくれる市販の調湿ボードを貼付し、箱内の湿度をコントロールする方法もある。

なお、保存のもっとも基本的な作業は、保管場所の清掃《せいそう》と遮光《しゃこう》である。保管場所を清潔に保つことは、塵《ちり》・ホコリといったものに寄生する昆虫《こんちゅう》やネズミの発生を防ぐ。また、普段から棚と壁との間に適度な空間を保ち、夏季や冬季の湿度が高いときにはサーキュレーターや扇風機により空気の流れをつくるだけでも、結露やカビの発生を防ぐことができる。

窓ガラスは市販の紫外線防止フィルムやカーテンを使って遮光し、室内を暗く保つことで、外気温の影響緩和や紫外線の遮断が可能となる。

（3）　修理と修復

補修と修復　教会資料は、これまで見てきたように、紙の酸性劣化や利用者の取り扱いなどにより破れてしまうことがあるが、その際に気をつけなければならないのは、安易にセロハンテープなどで補修しないことである。セロハンテープによる補修は、経年すると後にセロハンがはずれて糊部分だけが変

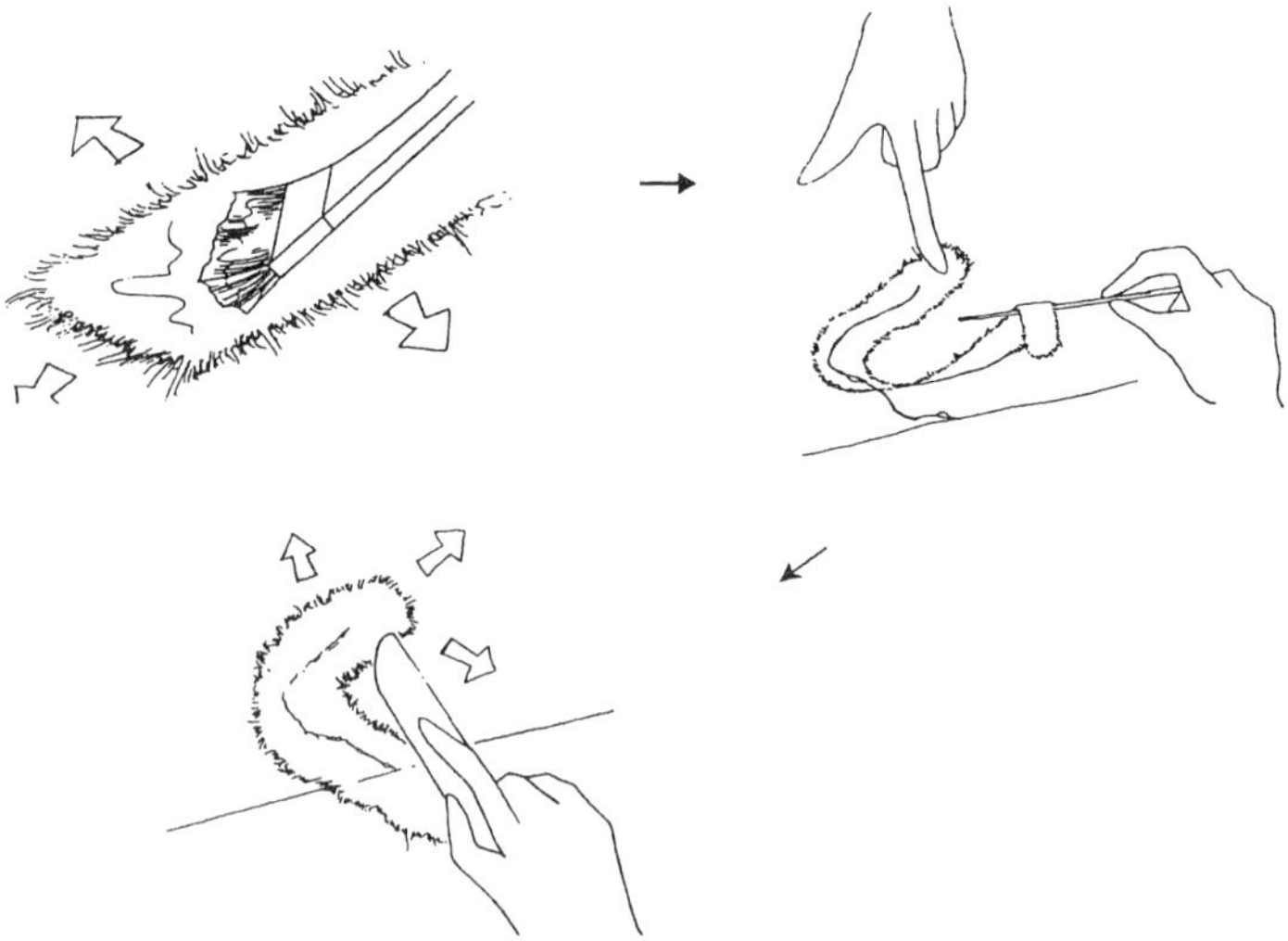

図20　簡易補修の方法(『防ぐ技術・治す技術』2005より)

色して本紙に残ってしまう。どうしても補修したい場合は、【図20】のように和紙で喰い裂きを作り、小麦粉で作った生麩糊で簡易補修する方法がある。実施に際しては、経験者や専門家にまず相談してから行う。

また、酸性劣化してしまった資料については、次項で述べるマイクロフィルムやデジタル画像などの代替物を作成することが基本だが、資料そのものを延命させるための措置として、資料をアルカリ物質により中和させる脱酸処理法がある。現在、大量脱酸法としては、アンモニアと酸化エチレンの混合ガスによるDAE法と、アルカリ溶液に浸すブックキーパー法の二種類が知られているが、何のために修復して残すのか、またその方法で本当に大丈夫なのかを、専門業者とよく相談したうえで実施することが大事である。

教会資料の代替化　最後に、教会資料の代替化について述べておきたいと思う。かつて、資料の代替化（複製化）といえば、マイクロフィルムで資料を撮影し、これを公開のために必要に応じて印画紙（プロジェクションペーパー）などに焼き付けて製本したものを閲覧《えつらん》に供する方法や、マイクロリーダーによるフィルムの閲覧が一般的だった。しかし、近年は、デジタルカメラで撮影した画像を、パソコンやＷｅｂを介して閲覧公開する方法が主流となっている。

デジタル画像技術の進歩に伴い、資料をマイクロフィルムではなく、デジタルカメラで撮影する傾向が急速に広がりつつあるが、ここで注意しなければならない点がある。

まず、デジタルデータは書き換えができてしまうという意味で「真正性《しんせいせい》」に問題があり、かつ保存媒体となるＣＤやＤＶＤの耐久性にも問題があるため、あくまでも汎用資料《はんようしりょう》として扱う必要がある。とくにデジタル媒体は、マイクロフィルムの寿命が五百年（ただし、定期的な点検とマイクロフィルムの保存に適した環境に置かれた場合）なのに対し、磁気《じき》テープやＣＤ・ＤＶＤの寿命は三〇年と言われていることからもわかるように、本来長期保存を念頭に作られてはいない。また、パソコンのソフトやハード、ＯＳ（オペレーションシステム）が更新されるたびに、それに伴う書き換え（マイグレーション）を怠《おこた》ると、画像自体が見られなくなってしまう危険性があり、書き換えの費用も時期を失ってしまうと莫大《ばくだい》になってしまう。さらに、プリント自体も発色がインクによる印刷物であるため、その保存性は、従来の白黒写真に比べて劣るとの報告もある。

記録資料としての教会資料の代替作業については、当面は保存資料としてのマイクロフィルムと、汎用資料としてのデジタル画像の併用がベターな方策と言えるが、需要と供給の関係から、後者への切替が急速に進んでいる。最近では、マイクロフィルムで撮影した画像をデジタル画像に変換して利用するハイブリッド方式を採用している機関もある。

なお、教会資料は信徒の現用記録文書でもあることから、信徒の要望によっては現物を公開しなくてはならない場合もある。その際には、資料に負荷がかからないような取り扱いが求められるため、窓口となる役員や事務員による十分な配慮が必要となる。

4　編さん資料からアーカイブズへ

以上、教会資料の残し方について、その概略を紹介した。最後に、実施していく上での課題を述べて、むすびとしたい。

まず、教会資料を保存していく上でもっとも大切なことは、教会史編さんのために収集した資料は、単に教会史編さんが終了した時点で必要性がなくなるのではないということである。むしろ、編さんを契機に集められた資料を「教会アーカイブズ（記録史料）」として、次世代の信徒のためにも永久に未来へ残していくということを、信徒の誰もが理解することが重要となる。

「教会アーカイブズ」は、聖書と同様に、いつの時代も後世に伝えようとする教会の強い意志と理解によって引き継いでいかねばならない教会の生きた証である。

参考文献

・小川千代子ほか『アーカイブ事典』（大阪大学出版会、二〇〇三年）
・荒井宏子ほか『シリーズ本を残す⑩写真資料の保存』（日本図書館協会、二〇〇三年）
・『防ぐ技術・治す技術』編集ワーキング・グループ『防ぐ技術・治す技術』（日本図書館協会、二〇〇五年）
・日本図書館協会資料保存委員会『やってみよう資料保存』（日本図書館協会、二〇二一年）
・新井浩文「教会資料の集め方と作り方」（『信徒の友』一月号、二〇二四年）

コラム

地域のアーカイブズ「和戸教会のアーカイブズ」

埼玉県南埼玉郡宮代《みやしろ》町和戸《わど》にある和戸教会（現日本基督教団和戸教会）は、一八七八年（明治十一）に設立された埼玉県でもっとも古いプロテスタント教会である。

和戸教会の起源は、一八七二年に和戸村から横浜に出た蚕種商人《さんしゅしょうにん》の小島九右衛門《こじまきゅうえもん》がヘボンから診療を受けたことを契機としてキリスト教を学び、一八七五年にバラ宣教師から受洗したこと、そして、同じ和戸村出身の大工《だいく》、小菅幸之助《こすげこうのすけ》が九右衛門を頼って横浜に出た際に、九右衛門の勧めもあって、翌一八七六年にやはりバラから受洗したことによる。二人は、先のヘボンやバラ、さらにはフルベッキやワデルといった当時のキリスト教会における中心人物の援助を得て、一八七八年十月二十六日に教会設立に至る（【図21】）。

創立一四〇年を越える同教会には、創立当時の聖書や「信徒名簿」（【図22】）が残されており、二〇一八年（平成三十）に町指定文化財となっている。

なお、信徒で医師の篠原大同《しのはらだいどう》は、地域医療による伝道に従事した。彼はまたヘボン直伝と伝える塗《ぬり》薬《ぐすり》「和戸のヘボン膏《こう》」を製薬・販売し、各地で評判となった。

図 21　古写真「初期の和戸教会」

図 22 「信徒名簿」

三　文書館における保存管理

1　文書館の設立経緯

埼玉県立文書館は、埼玉に関する歴史的・文化的に価値のある行政文書・古文書、地図などの史料を収集し整理を行い、県民の共有財産として保存に努めてきた。

その設立は、今から四二年前の一九六九年（昭和四十四）に県立浦和図書館（二〇二三年〈令和五〉現在、統廃合により、熊谷図書館に統合）の内部組織として発足したことに遡る。この間、一九七五年には条例の制定があり、また一九八三年には現在の新館に移るなど、一歩一歩であるが着実にその歩みを進めてきた経緯がある。

このようななか、二〇〇九年（平成二十一）七月十日には、明治初年から一九四七年までの埼玉県行政文書一万一二五九点が国の重要文化財に指定された。

本章では、博物館とは異なる文書館が日常行なっている資料の保存・管理についての取り組みについて当館の事例の一部を紹介するものである。

なお、本章で述べる今後の課題などについては、あくまで筆者個人の見解であることを、あらかじめお断りしておく。

2　文書館の立地と建物の構造

文書館の立地は、埼玉県庁の国道一七号を挟んだ向い側に位置する。当地は、台地上にあり、敷地面積は、約一七七六平方《メートル》、建築面積は一一六四平方《メートル》、延床面積は約六五〇七平方《メートル》あり、鉄筋コンクリート地下二階、地上四階の構造である。

なお、部門別床面積では、保存庫部分が三一六五平方《メートル》あり、全体の約半数を占めている。これは、当館が保存を重点に置いた施設であることに他ならない。また、各階に柱の数が多いのも特徴となっている。この構造は、耐震という点でも評価されており、県による地震判定審査でも補強の必要がない建造物と判断されている。

図23　「秩父事件関係書類」(重要文化財　埼玉県行政文書：明946-950)

3　文書館の収蔵資料とその特徴

次に文書館において収蔵されている資料について『要覧』から紹介しておきたい。

1　行政文書　第一種文書（一一年以上保存）。知事部局および企業局などから管理委任を受けたもの、また教育局などから引き継いだ文書が該当する。所蔵数は一八万六〇〇〇点。

有期限文書（歴史的資料）。三年・五年・一〇年保存、その他の記録のなかから、歴史的に重要と認められる文書を選別し、知事部局などから移管を、教育局などから引き継ぎを受けた文書群である。これらの文書は、完結後三〇年または五〇年の時の経過を経て順次閲覧公開を進めている。所蔵数は約五万〇六八〇点。

2　行政刊行物　県庁各課（室）所が刊行したリーフレットや報告書などの刊行物である。

3　古文書　県内各地に所在する歴史的に重要と見られる古文書。その内訳は・武家文書・寺社文書、村方文書・団体文書・個人文書・収集文書などとなっている。所蔵数は、約四七万一五〇〇点。

4　地図　国・県および県内市町村などが作成した埼玉県域にかかわる各種地図と埼玉県が一九六六年（昭和四十一）より一九九五年（平成七）まで撮影した全県航空写真、国土地理院作成地図からなる。所蔵数約九万二四〇〇点。

5　埼玉県史編さん事業で収集した、膨大な写真資料やフィルム　『新編埼玉県史』編さん事業で収集した、資料の紙焼き写真の複写本やフィルムなど、約四万六四〇〇点。

6　複製資料・マイクロフィルム　前記1～4までの資料に関する複写本・影写本・レプリカおよびマイクロフィルム、約三万二七〇〇点。

なお、以上のうち行政文書については、光に対して脆弱《ぜいじゃく》なコンニャク版《ばん》や、ガリ版（謄写版《とうしゃばん》）・カーボン紙・青焼き図面、さらに後述するように燻蒸剤《くんじょうざい》と科学反応することが指摘されている青焼きコピー紙、印画紙といったさまざまな素材の資料が含ま

図24　埼玉県立文書館　外観

れている。また、戦中戦後期を中心に物資不足による粗悪な藁半紙などが多く含まれており、これらは酸性劣化が著しい。さらに近年では環境問題から一〇〇%再生コピー紙を使用しているが、その保存性について問題視する声も聞かれる（本書II―第一章参照）。

4　文書館所蔵資料の保存対策

(1)　文書館における燻蒸

文書館では、新館開館直後に全館燻蒸を実施した。その後五年を経過して二回目の燻蒸を実施した。一回目の使用薬剤はエキボン（臭化メチル・酸化エチレン混合剤）、二回目はカポックス（酸化エチレン・炭酸ガス混合剤）である。一回目の燻蒸直後から異臭が発生し、この臭いは二回目以降現在でも続いている。文書館などに燻蒸後に発生する異臭については、これまでなされた報告によると、行政文書中に広く混在している青焼きコピー類と臭化メチルが化学反応を起こし、メルカプタンという物質が発生することに起因するとされており、根本的な解決策はないようである。この異臭問題も含めたさまざまな要因により、当館では二回目以降、現在まで全館燻蒸を取りやめている。

全館燻蒸を取りやめた直後は、外部から搬入される文書については、当館の燻蒸庫で職員が減圧燻蒸を実施し、その後に収蔵庫へ収めるような流れをとっていた。使用薬剤は、当初エキボンを使用していたが、その後、二〇〇五年（平成十七）以降、臭化メチル使用制限に関するモントリオール条約発効によりヨウ化メチルを使用した。その後・ヨウ化メチルも生産が中止されたため、大規模改修後の二〇一九年にくん蒸設備をリニューアルし、窒素ガスによる減圧燻蒸装置に改修した。

全館燻蒸に代わって当館が現在取り組んでいるのはＩＰＭ（総合的有害生物管理）の実施と年二回の特別整理期間における確認作業、そして忌避剤としての防虫剤投与である。

文書館と他の博物館施設とのＩＰＭ実施における大きな相違点は、収蔵庫から閲覧室に資料を出し、その利用者が直接資料に手を触れて利用する点にある。そのため、手洗いの励行はもちろんのこと、利用者と一緒に害虫が侵入することも十分考えられるため、館内での監視は各所に配置した粘着シートによるモニタリングだけでなく、日常の注視と報告が重要となっている。また、防虫剤による忌避は、文書館設立当初から行われているが、現在も古文書関係を中心に、中性紙製ダンボールのなかに年一回投与する形で実施している。使用薬剤は、ピレスロイド系のエムペントリン製剤である。

なお、文書館で全館燻蒸または個別に燻蒸を実施した場合、先の異臭問題を含めて、ガスの残留性が問題となる。現段階で、燻蒸後の薬剤残留量を北川式検知器では計測できないため、排気を終了しているのが実情であり、文書内部に浸透したガスが、時間の経過とともに徐々に漏出されることについては想定がなされていない。そのため、収蔵庫内の空調管理の徹底をはかっている。

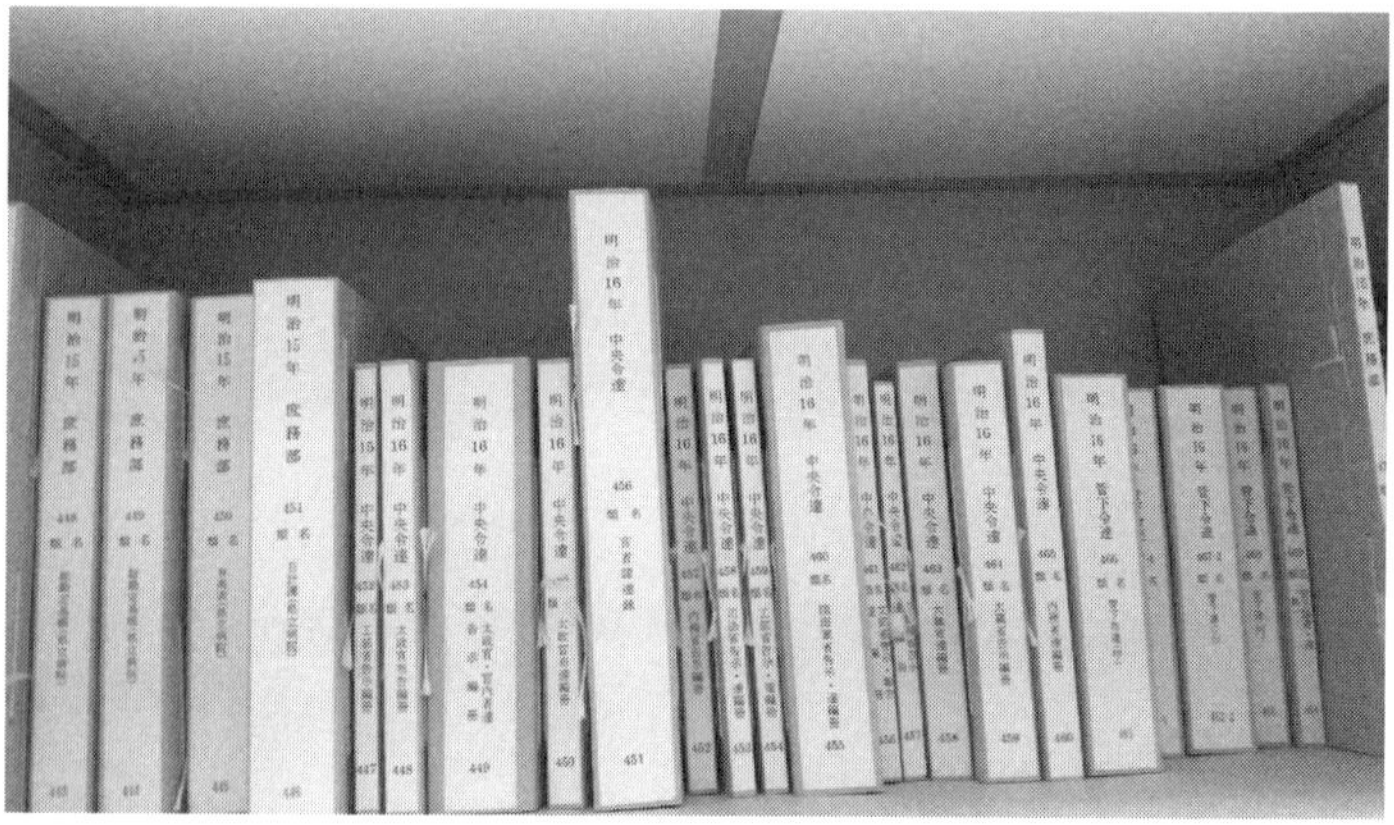

図25　中性紙ダンボール箱内上部の調湿ボード

（2）　保存の現場から

収蔵庫に配架されている古文書・行政文書は、それぞれ中性紙の保存用品によって防護されている。古文書は、中性紙製の封筒に納入された上で、上蓋《うわぶた》式や前扉式の中性紙ダンボール箱に入れ配架している。

また、行政文書については、重要文化財および歴史的公文書の中性紙製保存箱は前開式の形態で、その一部はダンボール内側上面に調湿ボードを貼りつけた特別仕様となっている。行政文書については、とくに年代によって酸性劣化を生じている資料も多く、中性紙製用品による防護仕様が必然となっている。

なお、資料を中性紙製ダンボール箱に納入して配架する方法は単に酸性劣化対策だけではなく、地震にも有効である。先の東日本大震災の際には箱の落下がみられたものの、箱内の文書については大きく散乱することなく復旧が容易であった。また直接落下するのではなく、箱がクッションとなって

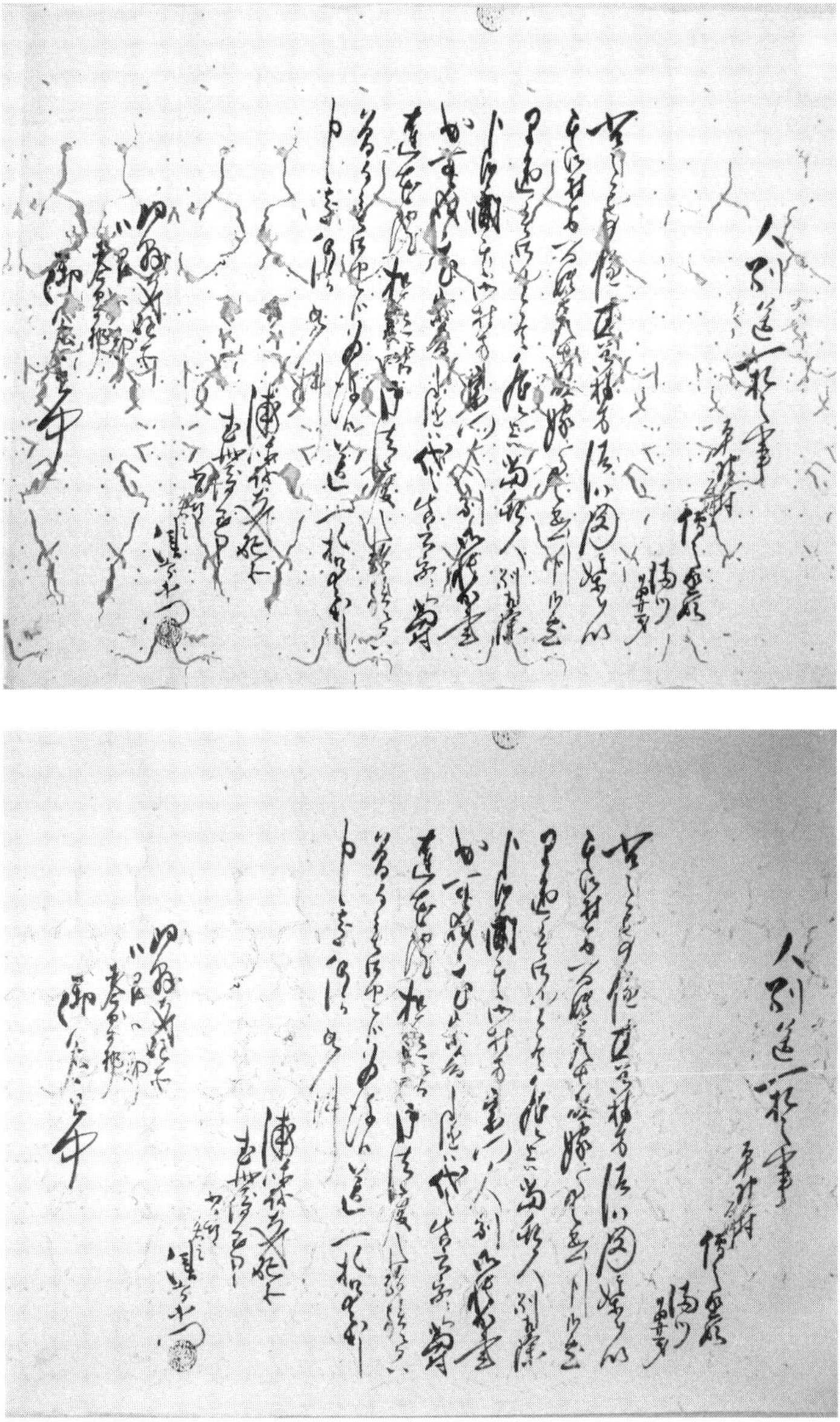

図 26　補修前(上)と補修後(下)

図 27　補修作業中のボランティア

落下したことから資料にも大きな損傷がなかったことも幸いした。

温湿度の管理　館内の温湿度管理は、空調によって管理しているが、その目安として収蔵庫内にもデジタル式の簡易温湿度計を配置している。また、各収蔵庫内に除湿機を設置しており、全館空調と連動する形で湿度調整を行なっている。収蔵庫内の設定温湿度、二二度五五%、フィルムテープ保管庫は、二〇度五〇%となっている。なお、貴重文書保存庫とフィルムテープ保存庫は、壁が杉材の落とし込み仕様となっている。また、マイクロフィルムについては、年二回巻き返しを実施している。また、乾燥剤の交換を行い、中性紙の紙箱に入れ換えるなどフィルムの劣化により酢酸臭が発生するビネガーシンドローム対策にも努めている。

複本の作成　行政文書の「第一種文書」については、大正・昭和戦前期文書原本保全事業および昭和後期文書原本保全事業により、経年劣化による痛みの激しい文書や紙質により酸性劣化が著しい文書について、マイクロフィルム撮影やデジタル画像の作成を行なっている。また、古文書についても、重要古文書複本作成事業により、利用頻度が高く原本保全の必要がある文書について、デジタル画像の撮影、および閲覧用の複写本作成を行なっている。

ボランティアによる文書補修作業　当館では、県民から募集したボランティアによる文書資料の簡易補修を行なっている。とくに虫損による劣化が著しい古文書については、簡易補修を行うことにより、閲覧に供することができるようになり、資料の保存・利用の充実を図ることができている【図26】。

5　今後の課題

以上、文書館における保存管理の一例として埼玉県立文書館の取り組みについて紹介した。新館に移ってからすでに四〇年以上が経過し、建物自体も老朽化が目立ってきたことから二〇一七年（平成二十九）〜一八年に大規模改修工事を実施した。今後も埼玉の文書・記録を保存・活用する拠点施設としての役割を、文書館は引き続き担ってゆかねばならない。そのために、資料の保存管理は・収蔵スペースの問題含めて喫緊の重要な課題である。よりよい保存・管理を目指して、今後も取り組んでいきたいと考えている。

参考文献

・龍野直樹「文書館等の資料くん蒸をめぐる諸問題について」（『和歌山県立文書館紀要』五、二〇〇〇年）
・木川りか「保存環境とＩＰＭ〈総合的有害生物管理〉」（『情報の科学と技術』六〇巻二号、二〇一〇年）

・松田隆嗣「燻蒸終了後の収蔵庫における燻蒸ガスの濃度変化について」(『文化財保存修復学会誌』四二、一九九八年)
・間渕創・木川りか・佐野千絵「各種燻蒸剤・殺虫剤・防虫剤・殺菌剤・防黴剤等の人体への影響一覧」(『文化財保存修復学会誌』四七号、二〇〇三年)
・木川りか・三浦定俊・山野勝次「文化財の生物被害対策の現状―臭化メチル燻蒸の代替対応策について―」(『文化財保存修復学会誌』四四号、二〇〇〇年)
・稲葉政満『図書館・文書館における環境管理』(日本図書館協会、二〇〇一年)
・太田富康「業務報告　大規模改修工事とその対応事業」(『文書館紀要』三三、二〇二〇年)
・園田直子編『紙と本の保存科学　第二版』(岩田書院、二〇一〇年)
・『要覧』第41号(埼玉県立文書館、二〇二三年)

Ⅲ　文書館と地域社会

一　市町村合併と編さん事業
――昭和と平成の合併――

1　市町村合併と合併史誌

二〇〇二年（平成十四）に始まったいわゆる平成の大合併も、その後二〇〇五年四月に施行された「市町村合併特例法」を経て、二〇一〇年三月には終焉を迎えた。この間、埼玉県でも市町村合併が促進され、合併以前は九二あった市町村数が二〇一〇年現在は六四となっている。

こうした状況のなか、筆者が現在の職務と密接な関係があり、きわめて関心があるのが、地域資料としての歴史的公文書や古文書などはもとより、かつて一九七〇〜八〇年代に最盛期を迎えた自治体史編さんによる収集資料（以下、編さん資料）がどこに引き継がれて保存・公開されているのかということである。

市町村合併の歴史を概観したとき、前回の昭和の大合併の際には、全国の都道府県で合併記録の根幹となる資料が収集され、都道府県ごとの『合併史誌』を刊行している。この編さん事業が契機となってその後の自治体史編さんへと繋がった経緯もあることからこの点についても併せてみていきたい。

なお、平成の大合併は、「公文書館法」施行後に行われた。後述するように全国的には全国歴史資料保存利用機関連絡協議会（以下、本書では全史料協と略す）の要請により、総務省と国立公文書館から全国各自治体に要請があったほか、埼玉県内では埼玉県地域史料保存活用連絡協議会（以下、本書では埼史協と略す）がそれぞれ中心となり、合併に伴う公文書などの保存についての要請文を県内市町村長宛に送っている。

埼史協の要請文ではそのなかで、現用・非現用公文書、行政刊行物とともに、残すべき重要な資料群として「市町村史編さん収集資料」を盛り込んでいる[1]。この点、二〇〇九年十一月に福島市内で開催された全史料協全国大会で、地元福島県内における合併後の自治体史編さん資料の保存・公開についてアンケートを実施した結果報告があった。

本章では、こうした他県と本県との状況比較を行うとともに、今後の編さん資料についての保存・公開について多少の提言ができたらと考えている。

とくに、この年の七月には国の「公文書等の管理に関する法律」（以下「公文書管理法」）が制定されたこともあり、「同法」と編さん資料との関連性、さらには今後の対応についても触れてみたい。

2　昭和の大合併と編さん事業

（1）　昭和の大合併の目的と経緯

まず、昭和の市町村大合併について概観してみたい。昭和の大合併は、一九四九年（昭和二十四）と五〇年に行われたシャウプ勧告を受けた政府が、一九五二年八月に地方自治法の改正を行い、翌五三年八月に三ヵ年の時限立法で「町村合併促進法」を制定、同法は十月一日に施行された。

法的措置に至った目的は、悪化・窮迫をきわめた戦後の財政強化であり、規模の著しく小さい町村については、おおむね人口七万八〇〇〇人程度を標準として①人口と面積との関係、②町村における重要な事務が最も効率的に行いうる規模、③町村職員を最も能率的・経済的に配置しうる規模、④都市と農村との利害得失関係、⑤住民の共同意識培養の可能性などを検討の上、府県単位で委員会を設ける形で進められた(2)。

埼玉県では、「町村合併促進法」が施行されて以降、「埼玉県町村合併促進審議会」が中心となって検討を重ねた結果、一九五四年二月に本県の合併に関する基本方針となる「町村合併試案」を公表した。その結果、同年三月には合併第一号として、行田市が須加村・荒木村・北河原村の三村を編入合併したほか、同じく北埼玉郡共和村・屈巣村・広田村の三村が対等合併して川里村が誕生した。

その後の合併の結果、県の市町村数は「町村合併法」が失効する一九五六年度末には三二三市町村から一〇四市町村となった。

なお、一九五六年六月には「町村合併法」失効に伴う「新市町村建設促進法」が施行されたこともあり、六〇年には九四市町村に、さらに七三年に深谷市と豊里村が合併して、平成の合併直前数である九二市町村となった(3)。

(2)「市町村合併史誌」の編さん

全国的な市町村合併のピークが見られた一九五六年四月、当時の自治庁行政部長名で、各都道府県総務部長宛てに「市町村の沿革の資料の蒐集について」と題する次のような文書(4)が出された。

【資料1】

自丙振発第十一号

昭和三十一年四月二十三日

自治庁行政部長 印

各都道府県総務部長殿

市町村の沿革の資料の蒐集について

全国的に町村合併がその目標の大部分を達成して御同慶に堪えないが、今回の町村合併は、地方行政上歴史的大事業であるに鑑み町村合併を中心として市町村に関する資料を蒐集整理しておくことが適当と考えられ、現に都道府県によっては市町村史編さんの計画が進められているところもあり、当庁としても合併の完了をまって考慮致したいので概ね、左記の要綱に準じて市町村に関する資料を蒐集整理しておかれるように配慮願いたい。

なお、この旨市町村にも御連絡願いたい。

市町村の沿革の編さん要綱

第一　趣旨

一　町村合併に伴い廃止される町村が、逐次増加しているので、この際市町村の沿革をまとめて編さんし、今回の合併に至るまでの市町村の発展の経過及び状況を明らかにしておくものとすること。

二　明治二十二年の大合併以後今回の合併に至るまでの市町村の発展の経過を明らかにすることを本旨とするが、明治の合併以前におけるその地方の沿革・歴史等をもできる限り書き留めておくものとすること。

三　市町村の施策を中心として政治行政の移り変わりを明らかにするとともに、住民生活、社会制度、経済、交通及び文化の推移をもできる限り明確にし、総合的な郷土の歴史とすることが望ましいこと。

第二　要領

一　幕末以前の歴史については、便宜都道府県全般の立場から政治、経済、文化等の項に分けて編さんすることも考えられるが、その場合においても各市町村における特異な事件、現象等は各個について明記するものとすること。

二　都道府県は都道府県全般の立場から、市町村は各々の市町村の立場において別個に作成し、それとともに、できうれば都道府県において、市町村分をも一括編さんし、保存することが望ましいこと。

三　都道府県ごとの記述要領の一例を示せば別紙のとおりであること。なお、別紙中都道府県において記述し、編さんすることが適当と考えられ事項は次のとおりである。

(一)　一　市町村の廃置分合又は境界変更等の沿革

(二)　二　市町村一般

(三)　三　市町村各説のうち郡についての事項

別紙

一　市町村の廃置分合又は境界変更等の沿革

(一)　市制、町村制以前

(二)　市制、町村制の施行当時

(三)　市制、町村制の施行以後

(四)　地方自治法の施行以後

（五）町村合併促進法の施行

二　市町村一般

（一）幕末以前

1　概説　2　政治、行政　3　経済　4　文化、風俗

（二）明治時代以降

1　概説（地勢・沿革等）　2　人口　3　産業、経済　4　行財政の状況

三　市町村各説

（一）市

1　○○市（町村の項参照）

（二）町村

1　○○郡

位置　面積　人口　地勢　沿革　交通　産業　町村　その他

（地図）

(1)　○○町

概況　位置　面積　人口　地勢　合併の経緯　新町村建設の方針　新町（村）の生成状況

旧町村

イ　○○村

・概説

　位置　面積　地勢

・合併までの状況

　沿革　土地　戸口　産業　教育　衛星　財政　行政　各種団体の活動状況　名所旧蹟

　その他

　（地図）

附　表

　合併経過一覧表

　（経過）

　現在の市町村名⇐旧町村名

　合併年月日

〔例　示〕

○○郡

A⇐（

合併年月日

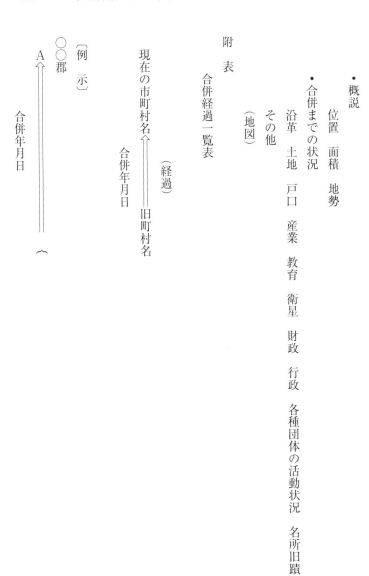

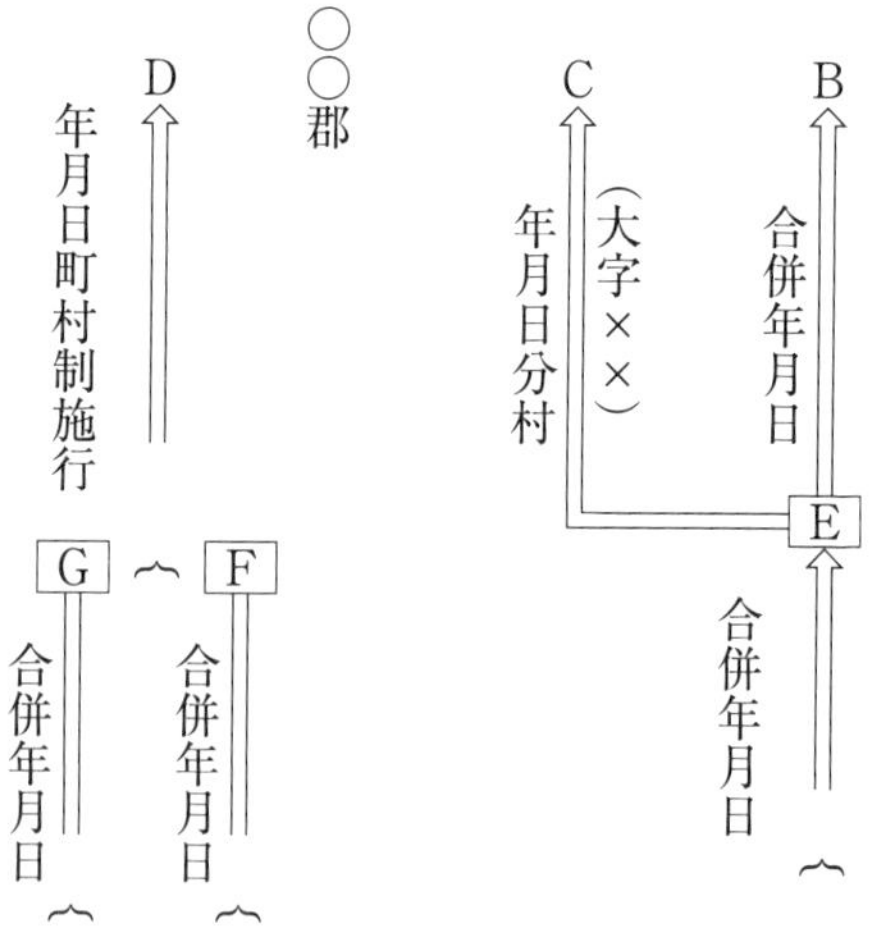

【資料1】は、自治庁が各都道府県に対して、合併に際して、合併の沿革に関する資料を蒐集し、合併の記録となる市町村史編さん事業にあたるべきことを各県に通達したものである。

その目的は同文書の要綱・要領に示されているように、今回の合併の記録にとどまらず、「明治の合併以前と以後についての概況を記録すること」「合併による住民生活、社会制度、経済、交通及び文化の推移をもできる限り明確にし、総合的な郷土の歴史を記述すること」が望ましいとしており、編さん目的が明確化されている。また、別の視点から言えば、現在のように文書管理に関する条例や規程がおそらく市町村単位では整備されていなかったであろう時代に、「合併史の編さん」という一つの目的ではあるものの、国からの通達により、編さん叙述に際して必要な資料が全国の市町村において蒐集されるに至った意義は大きいといえよう。

なお、県ではこの通達を受け、次のような文書(5)を同年六月十三日付けで各市町村長宛てに出している。

【資料2】

三一地収第六六三号

昭和三十一年六月十三日

埼玉県総務部長

各市町村長殿

市町村の沿革等の資料の蒐集について

今回の町村合併は地方行政上、歴史的大事業であるのに鑑み、町村合併を中心として市町村に関する資料を蒐集整理しておくことが必要と考えられ、自治庁においても合併の完了をまって市町村史の編さんを考慮したい趣きであるが、この際県においても県下の町村合併の経緯を詳細に記録し将来に伝えたく左記趣旨に基き埼玉県町村合併史(仮称)の編さんを準備中であるので、別紙参照のうえ資料を蒐集整理しておかれるようお願いする。

なお、資料の提出要領その他については、追って通知する。

記

一　町村合併に伴い廃止される町村が、逐次増加しているので、この際市町村の沿革等をまとめて編さんし、今回の合併に至るまでの市町村の発展の経過及び状況を明らかにしておくものとすること。

二　明治二十二年の大合併以後今回の合併に至るまでの市町村の発展の経過を明らかにすることを本旨とするが、明治の合併以前における地方の沿革、歴史等をもできる限り書き留めおくものとすること。

三　市町村の施策を中心として政治行政の移り変りを明らかにするとともに、住民生活、社会制度、経済交通及び文化の推移をもできる限り明確にし、総合的な郷土の歴史とすることが望ましいこと。

四　町村合併をめぐる諸問題についても詳述し、合併前後の状況を明らかにするものとすること。

市町村名

一　市町村の廃置分合又は境界等の沿革

(一)　市制、町村制以前

(二)　市制、町村制の施行当時

(三)　市制、町村制の施行以後

㈣　地方自治法の施行以後

㈤　町村合併促進法の施行

二　現況

位置　面積　人口　地勢

合併の経緯……どのように合併がすゝめられたか、関係町村相互間の協議状況、合併促進協議会の活動状況、同委員氏名、合併のために特にとった措置、新市町村名選定の理由など記述する。

新市町村建設の方針……新市町村建設基本方針及び諸計画等を詳述する。

新市町村の生成状況……新市町村発足の状況（開庁式、新議会の開催状況、各種記念行事の模様など）新行政機構（本庁並びに支所）及び合併の善後措置などについて記述する。

なお、新市町村長及び新議会議長の氏名、就任月日、年令等を附記すること。

三　旧町村

イ　○○村

概説

位置　面積　地勢

合併までの状況

沿革……幕末以前から今回の合併に至るまでの発展の経過を明らかにすると共に、その地方の沿革、歴史、風俗、文化等の状況も詳述する。

また、歴代市町村長の氏名と就退任年月日、主な事蹟等を附記すること。


土地……土地の状況、地目別土地面積その他を記す。

戸口……戸数又は世帯数及び人口の変遷を明治時代以降できる限り明らかにする。

産業……商、工、農その他産業の合併までの状況及び生産額その他を記述する。

土木……道路、橋梁、河川、治水、都市計画、住宅対策などを記述する。

教育……教育委員会、小、中、高等学校設置の状況その他教育に関する状況を記述する。

厚生……各厚生事業の概況と施設の状況を記述する。

衛生……医療施設の状況、公衆衛生、環境衛生その他衛生に関する事項を記述する。

警察・消防……組織の変遷、現況などを記すこと。

財政……合併までの財政状況を記し、最終予算額、財産、負債等を併記すること（特別会計を含む。）

行政……合併に至るまでの行政一般について記し、且つ、合併当時の町名、大字名、小字名を付記すること。但し、その後の変更については備考欄に、新名称及び変更期日等を記すこと。


また、合併当時の行政機構と主なる職員の職氏名（非常勤を除く）町村長、助役、収入役、議会議員の住所氏名年令なども付記すること。

各種団体の活動状況……協同組合、商工会議所等の産業経済団体並びに青年団、婦人会等の文化
　　事業団体等公共的団体の活動状況を記述する。
名所、旧蹟……観光に関する事項を記述する。
合併の経過……研究会、協議会の開催、同委員氏名、視察その他人の動き、合併推進にとられた
　　措置などのほか、合併実施途次における溢路、紛争、特異ケース等を詳述する。
その他……各市町村における特異な事件、現象等は、各個について項目を別に掲げて明記する。
（地図を添付する）

その他
　本文引用の各種資料及び合併に関し特に配布されたパンフレット、チラシその他参考印刷物、新市町村並びに合併時の旧各市町村の長、議会議長の上半身の写真、新旧市町村の庁舎及び合併に関する各種記念行事の写真等を準備しておくこと。

【資料2】の前段部分は、自治庁からの通達文書を踏襲しているものの、後段では自治庁文書の指摘に基づき、その具体的な記述内容までを指示している。
とくに、国からの通達にはみられない「その他」として、合併に関するパンフレット、チラシ、その他参考印刷物、写真といった関係資料までをも蒐集範囲としているのが注目される。この点は、現代のアーカイブズの収集対象を考える意味でも重要であり、そこには「編さん事業」の本質として「誰がみても理解できる記録の収集」といった視点が存在していることは否めない。

なお、通達文にもあるように、本県では『埼玉県市町村合併史』の編さん事業を、一九五八年六月から開始し、一九六〇年四月に上巻・附録を、一九六二年四月に下巻をそれぞれ発刊している。(6) また、全国では全都道府県ではないが、ほとんどの都道府県でこの時期に『合併史誌』が刊行されたことがうかがえ、いまもって昭和の大合併の際の記録は「同書」によるところが大きいといえる。

(3)　その後の市町村史編さんへの影響

これまで見てきたように、昭和の大合併では、『市町村合併史誌』編さんに関する資料の蒐集が各都道府県を中心に進められてきた事実を確認できたが、この編さん事業が果たして、その後の市町村史編さん事業、さらには市町村における文書管理にどのような影響を与えたかについて少し触れておきたい。

【資料3】

自丁振発第八八号

昭和三十二年十月十五日

自治庁行政局振興課長[印]

各都道府県総務部長殿

市町村の沿革の資料の蒐集整理について

町村合併に際し引き継がれた旧町村の保管にかかる貴重な沿革史、文献、資料などの蒐集整理については、昭和三十一年四月二十三日付自丙振発第十一号「市町村の沿革の資料の蒐集について」

の通牒においても注意を喚起したところであるが、最近、町村合併に伴う事務引継等に当って濫りにこれらに係る資料が廃棄或いは散逸される傾向もあり、将来の地方制度史の研究等に重大な支障を来す恐れがあると思料せられるので、この種の資料の蒐集整理、保管等の取扱について細心の注意をもって当るよう管下市町村に繰り返し通知方御配意願いたく重ねて通知する。

なお、本件については、「地方史研究協議会」において当庁に対し強く要望しているものである。

【資料4】（原文横書）

三二地収第一、四九七号

昭和三十二年十月二十五日

埼玉県総務部長

各市町村長殿

市町村の沿革の資料の蒐集整理について

町村合併に際し引き継がれた旧町村の保管にかかる貴重な沿革史、文献、資料などの蒐集整理については、昭和三十一年六月十三日付の三一地収第六六三号「市町村の沿革等の資料蒐集について」の通知においても注意を願ったところであるが、最近これらに係る資料が廃棄、或いは散逸される傾向もあり将来の地方制度史の研究に重大な支障を来す恐れがあると思料せられるので、この種の資料の蒐集整理、保管等の取扱いについて細心の注意をもって当るよう御配慮願いたく重ねて通知する。

なお、本件については「地方史研究協議会」において自治庁に対し強く要望しているものであるが、県においても町村合併誌の編さんを考慮して居り、資料の提出等について追って通知する予定である。

【資料3】は、自治庁から都道府県に対して前年に通達した【資料2】について、かかる資料が廃棄・散逸している傾向にあるために注意を喚起した文書(7)、【資料4】は、この通達を受けた県から市町村への通達である(8)。

内容から、引き継ぎに際して合併史編さんのために蒐集された資料の廃棄・散逸が見られることと、その実態に際しての要望が国に対して「地方史研究協議会」から出されていたことが確認される(9)。ことに、「将来の地方制度史の研究に重大な支障を来す恐れがあると思料せられる」という下りは、合併史編さん資料が戦後の地方史研究に際して欠くべからざる資料として当時強く認識されていたことがわかる。戦後歴史学の動向を位置づける意味でもきわめて興味深い文書といえよう。

なお、当時の県内市町村史の状況について触れておく。昭和の合併を契機として、一九五〇年代後半から六〇年代前半に編さん事業が開始された自治体は、県内で最初に合併した行田市が一九五八年、翌五九年に蕨市がそれぞれ刊行を開始しているくらいであり、本格的な市町村編さんブームが本県に到来するのは、全国的な傾向と同様に一九六〇年代後半から七〇年代全体にかけての高度経済成長政策に伴う、地域開発の波による史料の散逸防止《さんいつぼうし》と、いわゆる「日本史資料センター」問題を起因とする史料保存運動によるところが大きいといわれている(10)。

しかし、埼玉県の場合には、そこに到達するまでの背景として、まず一九五二年に結成された埼玉県地方史研究会や六九年の文書館開館があり、さらには七四年の埼史協の前身である「埼玉県市町村史編さん連絡協議会」の発足がきわめて大きな影響を与えているといえる。(11)

3　平成の大合併と編さん事業

(1)　平成の合併はじまる

平成の市町村合併は、二〇〇〇年(平成十二)に閣議決定された「行政改革大綱」による方針により打ち出され、市町村数を現在の三分の一にすることを目的としてスタートした。

その後、合併特例債などの特例措置の期限が二〇〇四年度末で切られたが、新たに二〇〇五年四月に五年間の時限法である「市町村の合併の特例等に関する法律」が施行された。「同法」は二〇一〇年三月で期限切れとなり、平成の大合併はいよいよ終焉を迎えた。

(2)　平成の合併と編さん事業

このように、いわゆる行革(行政改革)のなかで実施された平成の合併であるが、昭和の大合併時と大きく異なる点は何であろうか。一つは、一九八八年に「公文書館法」が施行されたことにより、少なくとも昭和の合併時のような関係資料の廃棄・散逸を法により防げるであろうことと、昭和の時のように、保存された公文書を利用した編さん事業が成されるであろうということである。

その一方で、編さん事業が終了した後、組織改変などによって関係資料がきちんと残されているのかという一抹の不安が残る。

この点、「公文書館法」施行以後の動向については、冒頭に紹介した福島県内における「自治体史編纂に関する調査アンケート」(以下、「福島アンケート」と略す)の結果が出されているので、紹介しておきたい(12)。

【アンケートの目的】

福島県内の旧市町村が保存していた自治体史関連資料の管理・保管状況を把握する目的で実施。対象は、県内五九市町村である。回答率は、六七・八%であった。

なお、同時に「行政文書(公文書)の管理・保管等に関するアンケート調査」実施している。

【アンケートの実施期間】

二〇〇九年七月十日〜八月十日。なお、このアンケートは、全史料協が二〇〇一〜〇二年に実施した「自治体史編纂と歴史資料保存状況についてのアンケート調査」(以下、「全史料協アンケート(13)」)との重複回答を避けるため、調査対象時期を二〇〇二年度以降としている。

【設問内容】

① 合併後の編さん資料の引き継ぎ、②編さんの進捗状況、③編さん資料の保管・整理の三分類から

左記の九点について設問している。

Q１　合併に際して旧市町村の編さん資料の引き継ぎ保管場所の新旧
Q２　編さん事業継続の有無
Q３　最終自治体史の刊行年度と巻数
Q４　刊行の有無とその冊数
Q５　古文書等の個人資料収集の有無（原資料かマイクロ等の代替物か）
Q６　編さん完了後の資料返却の有無と未返還資料の保管場所と今後の予定、閲覧公開の可否
Q７　資料目録作成の有無
Q８　明治期以降行政文書の収集・整理の有無と目録作成の有無、閲覧の可否
Q９　整理を終えた行政文書の保管予定の有無と保管場所、保管期間

右記の設問に対する結果を先の①〜③の分類においてまとめた結果は左記のとおりである。

①　合併前の旧市町村の編さん資料は、事務手続き上、新市町村で引き継いだケースが多い。しかし、実物は旧市町村の保管場所から移動しないため、合併を機に保管場所が増加した市町村が多い。今後、年月の経過に伴い、施設の建て替えや移転、職員の異動、担当者間の連絡不足などにより、保存状況の把握が困難になる可能性がある。

②　現在も編さんを行なっている市町村は、約三〇％。併行して史料集を刊行する市町村もある。編さん終了後、収集した個人所有の古文書などの原文書、写真は当該市町村に残される場合が多い。二〇

○二年度以降の八年間に編さんが終了した編さん資料の保管場所を資料館・図書館などとする割合は低く、編さん室や書庫、旧市町村役場などに保管するケースがかなり多い。

この割合は一般の閲覧、利用の利便性にも影響し、常時閲覧可能とする市町村は約二〇％にとどまる。自治体史刊行後の一般利用を視野に入れた保管場所や管理方法の見直しが望まれる。

③　明治以降の旧村役場で作成された公文書は、編さん室、書庫、旧市町村役場等の行政関連施設で保管される事例が多い。そのなかには現用性を持つ公文書もあり、また情報公開条例に基づく開示請求の対象にもなり得るため、目録が整備される割合は高いが、閲覧利用は、関係職員が業務上利用する範囲に限られる場合が多い。

以上の福島県における報告結果から合併後の編さん資料の保存・公開について気になる課題を述べてみたい。

まず、①で編さん資料は合併した新市へ移管したものの、肝心の原資料はそのままで、旧編さん室に取り残されたりしているケースが多いといった点である。この場合、合併旧自治体にヒトとカネがなければ、無人の倉庫や空き教場に資料がそのまま残されることを意味している。問題点は福島県の場合、②ともリンクしており、市町村の資料館や図書館に移管されるケースがきわめて稀だという結果を裏付けている。①・②の問題点はすでに「全史料協アンケート」でも指摘されているように、福島県に限らず全国的に見られる傾向である。

また、③は、編さんに必要な公文書を収集したものの、文書規程等に則って収集したものではないため、取り扱いが宙に浮いていることに起因しているケースであろう。そこで、③の問題点について、埼玉県の状況と比較してみたい。

実際に埼玉県でも市町村編さん資料として収集された公文書の取扱いが問題となった時期があり、埼史協を中心に文書管理規程上に「歴史的資料としての公文書保存」を位置づけることを各市町村に提唱してきた経緯がある。二〇二二年度末現在、実に六三自治体のうち半数以上の四二自治体において何らかの形で規程上に同項目が明記されていることがうかがえる。なかには、「市史（町史）資料として必要（貴重）と認められる文書」と、編さんに利用を限定している自治体も見られるが、「公文書館法」を理由として合併後も引き続き編さん資料を残すための一つの対策としている点は評価されよう。

なお、この場合の歴史資料の移管先は、教育委員会の文化財担当が大半となっており、規程が整備されても保管場所は福島県の傾向と変わらない結果となっている。また、規程が整備されても文書館設立に結びついていない点も、今後の大きな課題である。(14)

4　「公文書管理法」と編さん事業

以上、合併後の編さん資料の取扱いをめぐって、昭和と平成の合併後の動向についてみてきた。ここでは、その歴史的経緯をまとめるとともに、今後の課題を述べてむすびにかえたい。

まず、昭和の大合併後に出された自治庁通達により各都道府県で実施された『合併史誌』の編さんのため、収集方針が明確に出された上で、関係資料の収集が行われたことである。合併という限定された事業ではあるものの、文書管理規程が未整備の段階にあってきわめて意義ある事業であったと評価されよう。

その後に、収集資料の廃棄・散逸防止に関する通達が出されていることからもうかがえるように、多くの自治体が合併時にかかる資料を廃棄していた事実が逆に浮かび上がってくる。

よって、この時期に収集された関係資料の存否が、ある意味で刊行された『合併史誌』とともに当該市町村においても歴史資料として重要な位置を占めるものと推測される。

平成の合併では昭和の反省から、全史料協や自治省・総務省、国立公文書館からの働きかけもあって、「公文書館法」を盾に多くの自治体が文書管理規定のなかに「歴史資料の保存」条項を盛り込み、廃棄・散逸をとりあえず免れたことが全国的にも見られたが[15]、今回の「福島アンケート」の結果報告からも明らかなように、「全史料協アンケート」からわずか数年で、当時よりも状況が後退しているケースが見られる。また、現在は大丈夫でも今後の組織改変等によって廃棄や散逸の予断を許さない状況は否めない。とくに、県内の公文書等保存状況調査を実施した秋田県からは「公文書管理法」が施行されるまでの間、市町村では大量の文書廃棄が行われた可能性が高いという報告もあり[16]、早急な対応が望まれよう。

そこで、考えられる対策としては、編さん資料をアーカイブズ資料として位置づけるため、①目録の作成、②公文書などについては文書規程の作成、③すでに収集・保管されている資料についての評価・

選別の実施、④公開体制の整備があげられる。

これまで、史料保存利用運動のなかでは「市町村史編さんから文書館へ」というスローガンが幾度となく掲げられてきた経緯があり、近年でも新たに設置された文書館のほとんどはその流れからきているケースが大半である。

しかし、「公文書管理法」の成立により、文書館を取り巻く状況が大きく変わった現在は、当事者だけでなく役場組織全体のなかで「編さん資料＝アーカイブズ」としての共通理解が必要となってきている。この点が明確とならない限り、編さん資料の廃棄・散逸が繰り返されるリスクはきわめて高くなるといえるだろう。

最後に、編さん事業という視点から、今回の平成の合併について提言をしておきたい。それは、昭和の合併で全国的に作成された『合併史誌』の平成版作成事業である。管見の限り、平成の合併後に『合併史誌』を作成した都道府県は、三重県や千葉県などごく少数の自治体に限られている(17)。これは、昭和の合併時のような国からの通達はないため、編さん事業そのものは各自治体の意向に任されているといってよい。無論、今回の合併では、合併関係の文書や資料を歴史資料として残すことに大きな意義があることはいうまでもないが、昭和の『合併史誌』と同項目で今回の平成『合併史誌』を続刊として編さんすることも全国的にみて意義ある事業なのではないだろうか(18)。とくに、編さん資料をアーカイブズに転換するために何が必要かであるかの一つの方向性として、地域住民にとって関心が高い合併関係資料を編さんし、合併後の移管先自治体において引き続き印刷物やホームページ上で紹介し続けていくことは、地域住民への情報提供としても説得力のある事業といえよう。

文書館の利用者には、みずから目的を持って来館する利用者と、文書館が発信した情報源によって利用してみようと来館する利用者がいる。これまでみてきたように、合併後の移管先の大半が教育委員会組織であるという全国の市町村の現状において、編さん資料の公開が、アーカイブズの普及・利用を広めるための一つの選択肢となりうる可能性も否定できないであろう。

編さん事業のために文書を収集する時代から、「公文書館法」を経て、現在は「公文書管理法」による新たな公文書管理の新時代を迎えている。その歴史的経緯のなか、「情報公開法」もない時代に、『合併史誌』という編さん事業が「編さん関係資料」として廃棄文書に光を当て、歴史資料として位置づけた意義は、住民視点からみても意義あるものといえるだろう。本章が、合併における編さん事業の再評価と今後の新たな役割を示唆する一助となれば幸いである。

註

（1）要請文の内容と経緯については、拙稿「市町村合併における公文書等の保存について」（『埼玉地方史』第五一号、二〇〇四年）参照。
（2）『新編埼玉県史 通史編七現代』（埼玉県、一九九一年）。
（3）註(2)、および『平成七年度第二回収蔵文書展 市町村合併』図録（埼玉県立文書館発行、一九九五年）。
（4）埼玉県行政文書№一一三九六七「市町村合併」同上。

（5）『埼玉県市町村合併史 上・下・附録』（埼玉県、一九六〇・六二年）。なお、『同書』の関係文書は、行政文書№一三九四四～一三九六七「埼玉県市町村合併史資料」として文書館に移管されている。その内訳は

①№一三九四四～一三九五三が原稿。

②№一三九五四～一三九六六が各市町村から送付された各種合併資料。

③№一三九六七が本章の【資料1～4】を含む関係書類となっている。

（7）註（4）に同じ。

（8）同上。

（9）「総会一般報告」（『地方史研究』第三〇号、一九七五年）。

（10）高橋実『自治体史編纂と史料保存』（岩田書院、一九九七年）。

（11）拙稿「自治体史編さんと史料保存」（『埼玉地方史』第五〇号、二〇〇三年）。

（12）小暮伸之「福島県市町村における行政文書・自治体史関連資料の管理と保管」（「第三五回全史料協全国（福島）大会」大会資料、全史料協、二〇〇九年）五九～七〇頁。なお、今回の全国大会テーマは「わたくしたちのアーカイブズ―公文書と地域資料」である。

（13）詳細は全史料協資料保存委員会編『データにみる市町村合併と公文書保存』（岩田書院、二〇〇三年）参照。

（14）木村立彦「埼玉県における自治体の文書保存の取り組み状況について」（『記録と史料』一六、二〇〇六年）。

（15）全史料協第三三回茨城大会第二分科会 富田健司報告（『会報』八一、二〇〇八年）二六～三三頁参照。

（16）　煙山英俊「公文書館機能の設置と課題―秋田県内市町村における公文書等保存状況調査結果から―」（註(12)「同書」四七〜五四）。

（17）『三重県市町村合併誌』（三重県政策部地方分権・合併室、二〇〇六年）、『愛媛県市町村合併誌』（愛媛県市町村振興課、二〇〇六年）、『千葉県市町村合併史』（千葉県市町村課、二〇〇九年）など。

（18）　仮に財政上、印刷物による観光事業が無理ならば、ｗｅｂ上で『合併史誌』を公開することも可能であろう。実際、三重・千葉両県の『合併史誌』は各ホームページからダウンロードできるようになっている。

二　地方文書館の役割と民間アーカイブズ

――地方創生に向けた新たな取り組みを目指して――

1　再びどこへ行く古文書

筆者は、かつて民間アーカイブズ（以下、本章では「古文書」とする）の現状と課題について、「どこへ行く古文書」と題して地方文書館員の立場から言及したことがある(1)。あれから二〇年が経過した。この間、平成の市町村合併があり、また二〇一一年（平成二十三）三月には東日本大震災も起こった古文書をとりまく環境は社会的にも大きく変わってきているといってよい。しかし、それ以上に深刻な問題が現在も、地方文書館を悩ませているといっても過言ではない。それは、古文書とそれに関わる「人」や「家」の変質である。

本章では、これらの問題について事例を取り上げながら紹介するとともに、今後の地方文書館が取り組むべき方向性についても述べてみたいと思う。

2　近年の「古文書」を取り巻く環境の変化

（1）　データに見る「古文書」所有者における環境変化

本書I—第一章でもこの問題について触れ、埼玉県立文書館において実施中の古文書の所在確認調査結果を一部紹介したが、一四年間にわたり実施したその調査結果がまとまったので報告しておきたい(2)。

この結果、全所有者（四二五一家）中で、変更なしが全体の一一％（四八六家）、所有者変更ありが二三％（二二三％）、所有者または所在不明が九％（三七五家）、未回答が一一％（四六九家）で、新たな所有者が四六％（一九五七家）と半数近くを占めている。数値だけを見れば、前回の途中経過報告で取り上げた「所有者または所在不明」が一三％から九％に減っているものの、未回答を含めると二三％に及ぶことから、前回の報告数値とさほど全体でも変化がないことがうかがえる。一方、この間に新たに発見された文書を所有する家が調査総数の半数近くに及んでいる点は注目に値する。これは、自治体史などの刊行が進んで調査が幅広く行われた結果が現われているものと推察される。課題は、この新たに自治体史編さんなどで確認された文書のさらなるその後の保管状況にある。実際、報告があった後に現地を訪れ、自治体史編さん中に新たに文書が確認された家を調査した際に、当該文書が見あたらなかったケースに遭遇した。これは、文書の所在場所を調査当時は健在だった当主しか把握しておらず、前当主逝去に伴い代替わりした現当主が知らされていなかったために起こった事態である。こうしたケースはおそらく氷山の一角であり、他の市町村でも十分起こりうる可能性があろう。

本書第I—第三章でも述べたが核家族化や少子高齢化＝家族構成の変化による影響が進んだことによる「家」意識の希薄さは以前よりもさらに進行しているような気がしてならない。

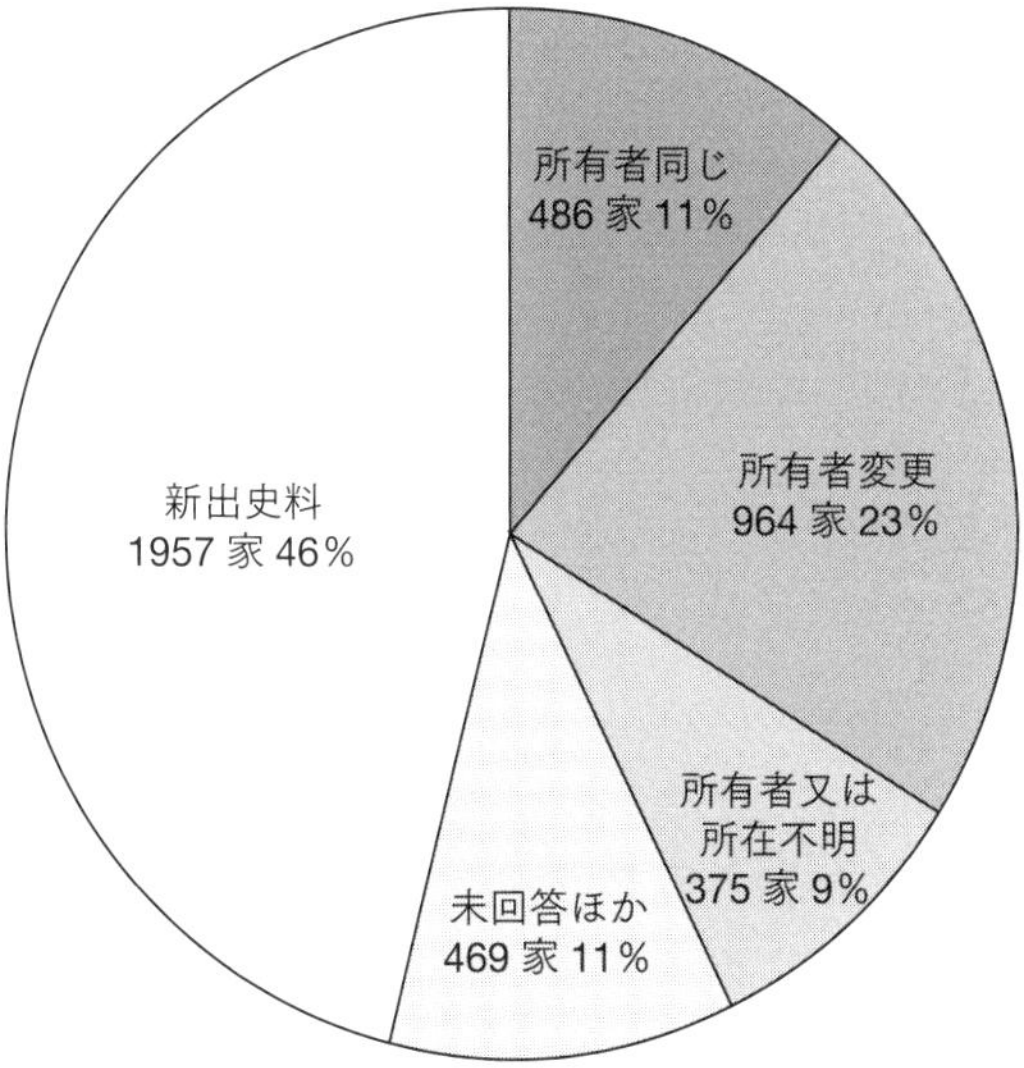

図28　古文書所有者の現状

阪神淡路大震災以降、災害対策として「古文書」の所在情報調査が盛んに提唱されて久しいが、後述するように今回の東日本大震災においてもその経験値が活かされたとは言いがたい状況にある。その一因には、前述したような「家」の意識変化が一因としてあるのではなかろうか。

また、個人情報の取り扱いについても個人情報保護条例施行以降、その管理・公開について厳しくなっており、情報共有が難しい状況も生じている。

（2）平成の市町村合併による影響

この二〇年における古文書に対する大きな変化といえば、やはり平成の市町村合併を挙げざるをえない。合併は古文書の保存だけでなく、それまでそこに生活していた人々の暮らしや生活環境にも大きな影響を与えるところとなった。端的な影響の一つに、合併による都市周辺部の急速な過疎化が挙げられる。合併により以前の町庁舎は廃され、都市部の庁舎へその機能が移管されたが、それに伴い長年その地に生活していた住人が不便さから移転を余儀なくされるケースも出ている。そのような状況により移転した先の都市部では、それまで保管してきた古文書を置くスペースがないなどの理由から廃棄・散逸される恐れもある。

一方で、市町村合併はこれまで古文書の保存全般に広く関わってきた市町村の文化財担当者の業務内容も一変させている。具体的には、合併すれば担当者の数はそのままか、あるいは増えると当初考えられていたが、実際には行政の効率化の名のもとに合併とともに担当者が減員や配置換えとなった自治体が多く見られたことである。担当者からすれば、これまで古文書にも目配りできていたのが、行政範囲が合併で広がったために手が回らなくなってしまったという事態が起こっている。

またハード面にも問題が生じている。合併とともに複数の博物館や資料館を抱えている市町村では、財政的な理由から、廃館や休館を余儀なくされた館もある(3)。収蔵施設としての博物館や資料館の矮小化により、新たな「古文書」の受け入れが困難な状況に陥ったのはもちろんのこと、寄託《きたく》されていた「古文書」を所有者に返却した市町村も見られる。

このほか、全体的な影響としては、旧来の地名や字名が合併により消失してしまった地域があるということである。もはや、その証拠書類や手がかりとなるのは、合併前の「公文書」と地域の「古文書」であるが、前述したような環境変化によりその記録化や保存に向けた取り組みが後手にまわっている点は否めない。

なお、昭和の市町村合併の際には、本書Ⅲ―第一章で紹介したように、一九五六年（昭和三十一）四月に、当時の自治庁行政部長名で各都道府県総務部長宛てに「市町村の沿革の資料の蒐集について」と題する文書が通達されており、その目的や収集すべき対象までが細かく指示されている。埼玉県では、この自治庁通達を受け、同年六月十三日付けで「市町村の沿革等の資料の蒐集について」を各市町村長宛てに通達し、その中で埼玉県町村合併史の編さん予定を伝えている。また、翌五七年十月十五日には地方史研究協議会からの要望により、「市町村の沿革の資料の蒐集整理について」が同じ自治庁行政部長から出されている(4)。この一連の過程のなかで蒐集された「古文書」が市町村によっては存在し、一部はそのまま当該市町村の役場内に残されているところも見られる。

このように、昭和の市町村合併の際には、国主導型で資料の蒐集が行われたが、平成の合併に際しては、地方自治の立場から、国は関与せず各自治体にその行為が任される形となっている。この合併史編さん事業が、のちの市町村史編さんブームのさきがけとなったと見る向きもあり、合併が「古文書」を残すための一つの契機となったことは間違いない。後述するように、今回の合併から二〇年余が経過し、合併を記念して再度市町村史を編む自治体も現われているが、以前のブームとはほど遠く全体的には鈍い動きとなっている。

（3）　東日本大震災後の動向

二〇一一年三月十一日、未曾有《みぞう》の大地震が東北地方を襲った。この地震により発生した大津波により、多くの膨大な「古文書」も被災し、失われた「古文書」の数も計り知れない。この地震により失ったことで、改めて家族の記録や地域の記録が、そこに生活する人々にとっていかに重要であるかが再確認されている。また、一方で市町村がこれまで収集・保存してきた過去の災害記録を含む「古文書」が脚光を浴びている。理由は、その被害範囲が広くかつ甚大であったことと、過去の災害と同じ場所で同じような被害があったことから過去の災害記録に学ぶという動きである。これまで先祖が子孫のために書き残し伝えようとしてきた行為に、改めて気づく結果となった。文書館にも、県東部地域で液状化現象が発生したこともあり、当該地域の地盤や過去の災害記録に対する質問が数多く寄せられた。なお、その際に前述した合併などによる地名の変更に伴い、それまで低湿地を意味する地名が別の新しい地名に変更されていて、当該地域に水害の危険性が潜んでいることを知らずに新居を購入した家族もあった。ある意味、市町村合併による地名変更の被害者ともいえる事例である。

また、この震災では、各地に発足した資料ネットワーク（以下、資料ネット）による「古文書」のレスキュー活動が注目された。阪神・淡路大震災を契機に発足した「資料ネット」の活動が、東日本大震災を経て全国に大きなうねりをもたらしたといえる。現在では、「資料ネット」の全国研究交流集会も開催されており、今後ますますその活動に期待するところが大きい[5]。なお、東日本大震災では役場の「公文書」も甚大な被害を受け、国立公文書館をはじめとするレスキュー活動が注目された。災害復興にあたっては公文書がすぐに必要となることと、それゆえに役所の防災対策が地域住民にとってもきわめて重要であることが再認識された点は大きい。「公文書管理法」とも関連して、阪神淡路大震災の時には着手されずに災害＝廃棄となった公文書が多かったことから考えれば、一歩踏み出した感がある。

また、この震災では甚大な被害を受けなかった地域でも、原発事故による計画停電等、日常生活に支障を来たす出来事があった。時が経つにつれ、人々からこうした記憶も薄れつつあるが、再び災害が起こったときに、同様の措置が取られる可能性もあり、関係記録の確実な保存が課題となっている。

3　自治体史編さんの再開と修史事業に向けた取り組み

前節で、この二〇年で起こった課題と現状を紹介したが、本節ではこれらの課題に対する新たな取り組み状況について紹介したい。

平成の市町村合併が一段落してからほぼ間もなく、埼玉県内では合併に伴い新たな編さん事業に着手する自治体も現われた。その多くは、すでに過去に自治体史を刊行しているところに新たに合併で加わった自治体部分についての自治体史刊行を目的とするところと、合併一〇年を記念して、合併で新たに誕生した新市町全体を範囲として、合併前の自治体史を書き換え刊行をめざすところの二つに大別される。県内では前者は、春日部市『庄和町史』、久喜市『栗橋町史』などが、後者では、『熊谷市史』や『さいたま市史』などがそれぞれ該当する。なお、政令市であるさいたま市は、市史編さん事業と同時に「さいたま市アーカイブズセンター」を立ち上げ、事業として市史編さんを行なっていく方向を打ち出している。これまでの自治体史編さん事業は、まず期限を設けてそのなかでの刊行を目指していくとともに、終了後は、収集した「古文書」の収蔵先も検討せぬまま組織が解散したことから、「古文書」の所蔵者返還をはじめ散逸を招く一因となっていた。こうした反省点を踏まえて、さいたま市では、調査過程において発生した「古文書」の収蔵問題についても対処しうる体制を整備したことは注目される。

すでに公文書館が設置されている久喜市以外では、熊谷市が、自治体史編さん過程で収集した資料の将来にわたっての管理や、市民活用のための措置をとることを「市史編さん大綱」に明記しているほか、吉川市は事業終了後の継続的な編さん体制の整備＝修史的な編さん事業へ向けての体制整備を行う旨を打ち出している(6)。

このように、県内ではかつて埼史協が「館がなくとも文書館機能を！」のスローガンの下で取り組んできた市町村編纂後の文書館設立運動の成果が、合併を経て新たに開始された自治体史編さんのなかで徐々にではあるが結実してきている。現在、この流れがどこまで広がりを見せているかが注目されるところではあるが、県外でも近年、編さん事業の流れから「公文書管理法」の影響もあって公文書館機能を併存する博物館「武蔵野市立武蔵野ふるさと歴史館」が建設されたように、自治体史編さん終了後に

表4　全国の都道府県史編さん状況と保管機関(編年順)　　2016.3.31現在

都道府県	編さん期間	通史編	資料編	その他	合計	備考	保管機関など(置年)	公開
東京都※	M35～	—	193巻	54巻	247巻	東京市史稿	公文書館(S43)	○
滋賀県	T9～S3	5巻	1巻	6巻	12巻	②(S42～61)	生活課県民情報室	
石川県※	T10～	11巻	39巻	8巻	58巻	(史料編さん室)	図書館	
鹿児島県	S9～H17	6巻	—	2巻	8巻		歴史資料C黎明館	
宮城県	S24～S63	3巻	11巻	21巻	35巻		公文書館(H13)	○
岩手県	S25～S40	10巻	—	2巻	12巻		総務部法務学事課	
秋田県	S31～S41	7巻	6巻	3巻	16巻		公文書館(H5)	
山形県	S32～H16	7巻	24巻	11巻	42巻	(県史資料室)	総務部法事文書課	
徳島県	S34～S41	6巻	2巻	1巻	9巻		文書館(H2)	
長崎県	S35～S60	4巻	4巻	—	8巻		秘書広報局広報課	
島根県	S36～S41	3巻	6巻	—	9巻		総務部総務課	
熊本県	S38～S42	5巻	8巻	3巻	16巻		県政情報文書課	
福島県	S37～S46	5巻	9巻	12巻	26巻		歴史資料館(S46)	
岐阜県	S38～S47	10巻	23巻	1巻	34巻	②(H8～14)	歴史資料館(S52)	
高知県	S38～S52	5巻	5巻	—	10巻		図書館	○
北海道	S38～S55	5巻	3巻	1巻	9巻		文書館(S60)	○
佐賀県	S39～S43	3巻	—	—	3巻		図書館	○
茨城県	S39～H7	7巻	37巻	6巻	50巻		歴史館(S48)	
京都府	S40～S47	10巻	9巻	—	19巻		総合資料館(S38)	○
神奈川県	S42～S59	7巻	21巻	8巻	36巻		公文書館(H5)	○
長根県	S42～H3	10巻	28巻	—	38巻		歴史館(H6)	○
栃木県	S43～S58	8巻	25巻	—	33巻		文書館(S61)	○
広島県	S43～S59	7巻	15巻	5巻	27巻		文書館(S63)	○
富山県	S43～S61	7巻	12巻	2巻	21巻		公文書館(S62)	○
兵庫県	S43～H9	5巻	19巻	1巻	25巻		県政資料室(S60)	○
大阪府	S46～H2	7巻	—	1巻	8巻		図書館・公文書館	○
和歌山県	S47～H5	5巻	18巻	1巻	24巻		文書館(H5)	
群馬県	S49～H4	10巻	27巻	—	37巻		文書館(S57)	○
新潟県	S51～H2	9巻	24巻	4巻	37巻		文書館(H4)	○
大分県	S51～H2	17巻	—	4巻	21巻		先哲史料館	
埼玉県※	S52～H2	7巻	26巻	5巻	38巻	②(H4～29)叢書	文書館(S44)	○
岡山県	S53～H3	13巻	13巻	4巻	30巻		記録資料館(H17)	○
福井県	S53～H10	6巻	17巻	3巻	26巻		文書館(H15)	○
愛媛県	S54～S63	7巻	14巻	19巻	40巻		歴史文化博物館	
香川県	S55～H3	7巻	8巻	3巻	18巻		文書館(H6)	○
福岡県	S55～H14	7巻	51巻	8巻	66巻		九州歴史資料館	○
奈良県	S59～H11	—	—	18巻	18巻	※名著出版刊		
宮崎県	S59～H12	6巻	4巻	21巻	31巻		県文書C	○
三重県※	S59～H31	8巻	19巻	6巻	33巻	(県史編さんG)	環境生活部	
静岡県※	S60～H9	7巻	25巻	3巻	35巻	②(H24～30)	図書館・歴文情C	○

都道府県	編さん期間	通史編	資料編	その他	合計	備考	保管機関など(置年)	公開
山梨県	H 2 ～H19	6 巻	25巻	3 巻	34巻		博物館	
千葉県	H 3 ～H20	8 巻	25巻	18巻	51巻		文書館(S63)	○
山口県※	H 4 ～H29	6 巻	33巻	2 巻	41巻	(県史編さん室)	スポーツ・文化局	
沖縄県※	H 5 ～H62	2 巻	?	23巻	25巻	(史料編集班)	教育庁文化財課	
愛知県※	H 6 ～H31	10巻	36巻	12巻	58巻	(県史編さん室)	総務部法務文書課	
青森県※	H 8 ～H29	3 巻	25巻	8 巻	36巻	(県史編さんG)	県民生活文化課	
鳥取県※	H18～H31	—	20巻	27巻	47巻	(県史編さん室)	公文書館(H 2)	

注　1.『平成 27 年度第 44 回全国都道府県史協議会史料』(静岡県)をもとに作成(第 1 回は神奈川県にて開催)。

2. ※印の都県は，2016 年現在，編さん事業を継続中のところで，巻数は刊行予定数．また②は第 2 次の編さん事業を示す。

3.「その他」は別編・各論編・概説編などの名称で，自然，民俗，地誌，文化財，年表・索引，人物，美術など収載。

公文書館建設に結びついた流れも見られるようになってきている。[7]

一方、都道府県レベルでこの編さん後の流れはどうであろうか。【表4】は各都道府県における編さん状況を一覧にしたものである。[8] 編さん事業が継続または二次事業として現在も行なっている都道府県は、四七都道府県中一〇県、また編さん後にその収集した史料を公開しているのは、二三都道府県となっている。そのほとんどは、公文書館施設であり、現在まで刊行を続けている自治体は東京都と石川県のみであり、修史事業と位置づけている県はほとんどないといってよい。記念事業としての刊行に際しては予算がつくが、常時そのために準備するための調査・研究部署は置かれていないという実情は依然として変わっていない状況にある。この課題に対する対応策については後述するが、その役割を今後は文書館が積極的に担っていくべきであると考えている。

4　地方文書館は地方創生の担い手となれるか

わが国の公文書館の機能について、加藤丈夫前国立公文書館長が、全史料協の『会報』[9]のなかで次のように述べている。少し長いが引用してみたい。

現実の問題としてわが国の公文書館は公文書以外の歴史的な地域資料も豊富に収蔵して、地域の人々にはいわゆる「総合的な歴史資料館」として理解され、親しまれている施設が多いように思います。（中略）私はこうした現状を踏まえて、わが国の公文館には、①国や自治体のガバナンスの検証と②住民としてのアイデンティティの確認という二つの機能があると考えています。すなわち、①は法律や条例など住民の暮らしに影響を及ぼす社会の決まりについて、その内容とそれが成立した経過を後の世代の人たちがしっかり検証できる仕組みであり、それが民主主義を支えることにつながるということです。②は先人の遺した貴重な資料から国や地域の優れた文化や伝統を理解することであり、それが国民としてのあるいは地域住民としての誇りや自信につながるということです。ただ、この二つは明確に区別されているわけでなく、一つの資料で①と②双方の機能を持っているものがあることは言うまでもありません。そして公文書館は、所蔵資料が国や自治体のガバナンスに関わるものが中心であることが博物館と異なり、原本が中心であることが一般刊行物を納める図書館と異なる点だと思います。

加藤前館長は、公文書館には、公文書以外の歴史的な地域資料＝古文書が豊富に収蔵されており、地域の「総合的な歴史資料館」として理解され、住民にも親しまれてきた経緯を述べている。改めてこの現実を踏まえた上で、これからの地方文書館の役割は、自治体のガバナンスの検証と住民のアイデンティティの確認の場でなければならないとしている点は、今後の地方文書館の役割を考える意味できわめて示唆に富んだ発言だといえる。

以下、この視点から今後の地方文書館の役割について考えてみたい。

(1)　蔵としての役割再考

第2節で述べたように、現在、古文書の所有者をとりまく環境は決してよい状況ではない。とくに、代替わりによって、各家で守ってきた「古文書」が散逸の危機に瀕しているといっても過言ではない。文書館では、寄託から寄贈への切り替えを希望する所有者が増加していることからも、その理由は明白である。所有者の方からも、長年にわたって文書館で保存・公開されてきたというこれまでの実績が信用を与えている一因となっている。

しかし、今後も全県的な古文書を収容できるだけのスペースを確保することは困難である。この「地域の蔵」としての本来の役割は、より住民に近い市町村の各自治体に本来はあるのではないだろうか。市町村文書館の建設は、その役割を果たす意味でも今後訴えていく必要があるだろう。まずは地域住民が公文書館についての先の二つの役割を持つ施設であることを理解してもらうことが急務となろう。とくに、古文書には、単に②の地域アイデンティティの面からだけでなく、本書Ⅰ—第一章で述べたように公文書を補完する位置づけにあることを改めてアピールしておく必要がある。そうした意味から、古文書管理が「家」の変化から危機的状況にある今こそ、個人の責任から公の責任において公文書館で管理する機会が到来したと捉え直すこともできるのではないだろうか。その自治体にとってかけがえのない古文書が流出・散逸してしまってからでは、それぞれの自治体にとって取り返しがつかないことを今一度再考すべき時が来ている。

（2）修史事業の役割

第3節では、平成の市町村合併から一〇年以上が経過して、市町村では新たな自治体史編さんの動きが見られることを紹介したが、一方、都道府県レベルでは、かつて盛んに行われていた都道府県史の編さん事業が終息し、その後収集した膨大な史料の公開をめぐって苦慮している現状が浮かび上がっている。それでも、公文書館の設置に伴い、一部の公文書館で、それらの史料の公開を実施していることも確認できた。

公文書館が、都道府県史で収集した古文書や関係資料を公開するメリットは大きく次の三点となる。一点目は、公開することで利用者の利便性が向上すること。二点目は、多額の税金を投入した編さん事業の成果を単に刊行だけではない閲覧公開という形で還元できること[10]。三点目は、この事業で収集した史料が、次の編さん事業でも継続して活かすことができることである。とくに、三点目は、自治体史編さん事業を単なる時限的事業とこれからも位置づけるのか、それとも修史事業として位置づけるのかによってその後の動きに大きな違いが生じる。

今後も、記念誌として時限的に立ち上げる流れのなかで自治体史編さん事業を行った場合、まず公文書館などの施設がない自治体では、組織の解散に伴い収集した古文書を返還することになる。この場合、所有者の状況によっては、先述したような散逸・流出の危機に遭遇しかねない。また、編さん関係の膨大な写真データや関係資料も保管場所の関係から廃棄されることになり、さらには、編さん終了後に新たに確認された古文書所在情報等の集約もままならない状況となろう。とくに近年多発する自然災害に伴い、緊急時における古文書の所在情報の集約が各都道府県において喫緊の課題となっていることからみても問題である[11]。

一方、文書館が編さん事業を修史事業と位置づけて継続する場合には、一般の利用者と共に文書館もまた史料集の翻刻や出版を通して収蔵古文書の利活用を続ける事が可能となる。以下、公文書館の古文書をめぐる編さんと利用者の関係を当館の組織に照らして示せば次のようになる。

古文書の収集（古文書担当）→翻刻（史料編さん担当）→史料集の刊行（同）

⇦

→史料集の利活用（利用者）→学習意欲の向上（利用者）

⇦

↓古文書講座の開催（古文書担当）↓古文書講座への参加（利用者）

⇩

↓閲覧等の利用拡大（利用者）

（以下はオプション）[12]

①古文書の修復作業に参加

②翻刻作業に参加

③古文書整理に参加

オプションは、近年盛んに提唱されている住民参加型の文書館版取り組みである。特に②は住民により自らの地域の歴史編纂に関わることで、後述するアイデンティティの確認に直結する作業となろう。

（3）　地方創生の旗振り役として

近年は地域がそれぞれの魅力をそれぞれの地域で発見し、磨き上げ大きな力にしていく「地方創生《ちほうそうせい》」の動きが全国的に広がりを見せている。二〇一五年（平成二十七）に秋田県大仙市で開催された全史料協の全国大会における来賓挨拶の席上、国立公文書館の斎藤敦理事は大仙市公文書館が東北地方の基礎的自治体で初の公文書館となることになぞらえ、「地方再生はアーカイブズから」という合い言葉を提唱された。[13]また、同大会で記念講演を行なった上川陽子初代公文書管理担当大臣は、地方創生プロジェクトの一つとして大仙市のような公文書館設置が挙げられることを指摘されるとともに、今後の国立公文書館の新たな機能として、子供たちへの展示・学習機能に期待する旨の発言があった[14]。この点は、本書I—第三章で紹介した高校生への取り組みをはじめとする学校対応の拡充とも関係する。収蔵されている「古文書」を地域の視点から展示・公開することで新たなアイデンティティの発見に繋がる可能性もあろう[15]。

5　改めて地方文書館の役割とは

以上、地方文書館と民間アーカイブズとの関係について、文書館とその周辺に関わる現状と課題を通して見えてきたことから、今後の方向性について述べてきた。

二〇一六年（平成二十八）には、「公文書管理法」の五年見直しが一部行われたが、どれだけの国民がこの点に関心を寄せていたのだろうか？　むしろ、国立公文書館の移転について関心が高いような気がする。かつてバブルの時代に「ハコモノ行政」が批判されたが、公文書館の真価が国民や住民に問われるのは、ハコモノではなく、中身の問題であるように思う。

文書館が人々から認知されるために、さまざまな取り組みが成されているが、忘れてならないのは利用者がどのようなニーズで利用しているかにあろう。

かつてジャン・ファビエ氏は、フランスの古文書館の利用者を事例に、この五〇年で利用者に明らかな変化が見られ新しい利用者層が現われたことに注目された。彼らは、「学術的に研究をどんどん進める専門家」ではなく、「地域的、家庭的な関心事からちょっとした研究心を持ち、他の人々が、楽器演奏やスポーツ、演劇などに対してもっていると同じようなレジャー性を歴史的書物のなかに見出そうとする愛好家たち」であるとしている[16]。この「愛好者」こそ、今後の古文書ひいては公文書館を支えるサポーターなのではないだろうか？

振り返れば、わが国にも戦前を通してこの「愛好者」が存在していた。言わずものがな「郷土史家」と呼ばれた人たちである。戦後歴史学は、郷土史に代わって地方史、さらには地域史と名を変えながら受け継がれてきた経緯がある[17]が、いま地域のアイデンティティ再考が叫ばれているなか、いま再び郷土史の視点から古文書の在り方を問い直す時期に来ている気がしてならない。

註

（1）本書Ⅰ―第二章参照

（2）埼玉県立文書館「関連事業報告～文書調査員研修会～」（埼玉県地域史料保存活用連絡協議会『会報』四一号、二〇一六年）。本調査の概要については、註（1）の拙稿参照。

（3）なお、市町村合併と平行してその管理を民間の指定管理者制度に移行した市町村も多く、同制度についてはさまざまな問題を抱えつつ現在に至っている（浜田弘明「指定管理者制度と公立博物館の民間管理」地方史研究協議会編『歴史資料の保存と地方史研究』岩田書院、二〇〇九年）。この流れは、公立博物館本来の根幹である地域資料の収集・保存・調査研究業務が著しく後退し、集客・イベント重視に変わったことを意味する。

(4) 本書Ⅲ—第1章参照。

(5) 全国の史料ネットの活動近況については、同ネットホームページ http://siryo-net.jp/ および本書Ⅰ—第二章註(7)参照。

(6) 「熊谷市史編さん大綱」の基本方針には、「7．編さん過程で収集した資料は、市史刊行後、市民が活用できるよう保存・管理し、将来に伝え残すための措置をとること」と明記されている(「新たな『熊谷市史』の編さんについて」『熊谷市史研究』創刊号、二〇〇九年)。また、「吉川市史編さん大綱」(平成二十七年三月十二日改正)の基本方針には、「(5) 収集した資(史)料は、市民が活用できるよう保存管理し将来の市民のために伝える措置をすること」、「(6) この事業だけでは、吉川のすべてを網羅して刊行することは困難と思われるので、随時補足して編さんできるよう体制の整備を行う」と明記されている。

(7) 田川良太・栗原一浩「武蔵野ふるさと歴史館の開館」(『アーカイブズ』五五、二〇一五年)。

(8) 岡田昭二「県史編さんから文書館の世界へ—地域史料の保存に携わって—」(地方史研究協議会第五七回日本史関係卒業論文発表会、特別講座レジュメ)より引用。

(9) 加藤丈夫「特別寄稿　公文書館機能ガイドブックを読んで」(全史料協『会報』九八、二〇一五年)。

(10) なお、公開にあたっては、まず県史における公開と閲覧室等での公開に差異があることを古文書の所蔵者に理解してもらう必要がある。これは、収集に際しての目的が異なるからに他ならない。

(11) 緊急時の災害対策を考えた場合、公文書館に古文書の所在情報を集約することにより、収蔵されている公文書や行政刊行物と照合しての総合的な防災対策をとることが可能となる点も、博物館・図書館と異なるメリットの一つである。

(12) これらのオプションは、①以外は当館では実現していないが、市町村博物館等ではすでに実践を積み重ねているところも多い。

(13) 上川陽子氏・斎藤敦氏「来賓あいさつ」(全史料協『会報』九九号、二〇一六年)

(14) 註(13)に同じ。

(15) 実際、埼玉県立文書館が平成十年(一九九八)に開催した収蔵文書展「大里地方の文書　友山と武香―青山根岸家文書の世界―」閉会後に、旧大里村の根岸家が中心となって「根岸友山・武香顕彰会」が発足し、地元で出版など活発な活動を行っている。同会の会員は現在二三〇名を超えており、その後合併した新熊谷市からも地域のアイデンティティの面から大きな期待が寄せられている。

(16) 『公文書館法施行一周年記念　ジャン・ファビエICA会長講演会』(国立公文書館・全史料協、一九八九年)。

(17) 高橋実『自治体史編纂と史料保存』(岩田書院、一九九七年)七七〜七八頁。

三　公文書館専門職のこれまで・これから
――認証アーキビストの拡充に向けて――

1　認証アーキビスト制度の誕生

文書館に勤務して今年で通算二十五年目になる筆者は学芸員として文書館に勤務しているが、国立公文書館認証アーキビストでもある。認証アーキビストは、国立公文書館が二〇二〇年（令和二）に「アーキビストの職務基準書」（二〇一八年十二月）に示されたアーキビストとしての専門性を有する者に対して付与される資格である。認証アーキビストはようやく文書館の専門職が社会的にも発せられたという点で、自分にとって一つの目標到達点となった。

本章ではその専門職に対するわが国におけるこれまでの取り組みについて振り返るとともに、認証アーキビスト制度が拡充してきた今、そしてこれから、わが国が専門職にどのように向き合っていくべきかについて述べてみたい。

2 「公文書館法」と文書館専門職問題

文書館専門職のはじまりは、一九六九年（昭和四十四）十一月に出された日本学術会議の勧告「歴史資料保存法の制定について」において「専門職員に関する規定」が明記されたことに始まる。

その後、一九七六年二月に全国歴史資料保存利用機関連絡協議会（以下、全史料協）の前身である歴史資料保存利用機関連絡協議会（略称：史料協）が発会し、七八年一月には「歴史資料（文書）の保存について」要望書を都道府県知事や教育長に提出した。その翌七九年四月には史料協として「歴史資料保存法の促進に関する要望書」を衆参両議長宛てに提出する。これらの動きを受けて八〇年五月に日本学術会議の勧告「文書館法の制定について」が出された。

一九八三年七月には、史料協が独自に全国の文書館などに対して専門職員に関する調査を実施、仕事の内容や給与体系などについての概要を『会報』第八号（一九八三年九月）にて報告している。翌八四年十月に史料協は全史料協と改名、五月には関東部会が発会した。

一九八五年十月に全史料協は「文書館法制定についての要望書」を内閣総理・文部・自治省に提出するとともに、全史料協内に設置された組織法制委員会が「同法」の大綱案を作成し、関係法案成立の準備が整えられた。さらに岩上二郎参議院議員の指示で、「公文書館法大綱案」が参議院法制局により起草され、最終的には岩上議員と全史料協が連携しながら、一九八七年十二月九日に「公文書館法」が議

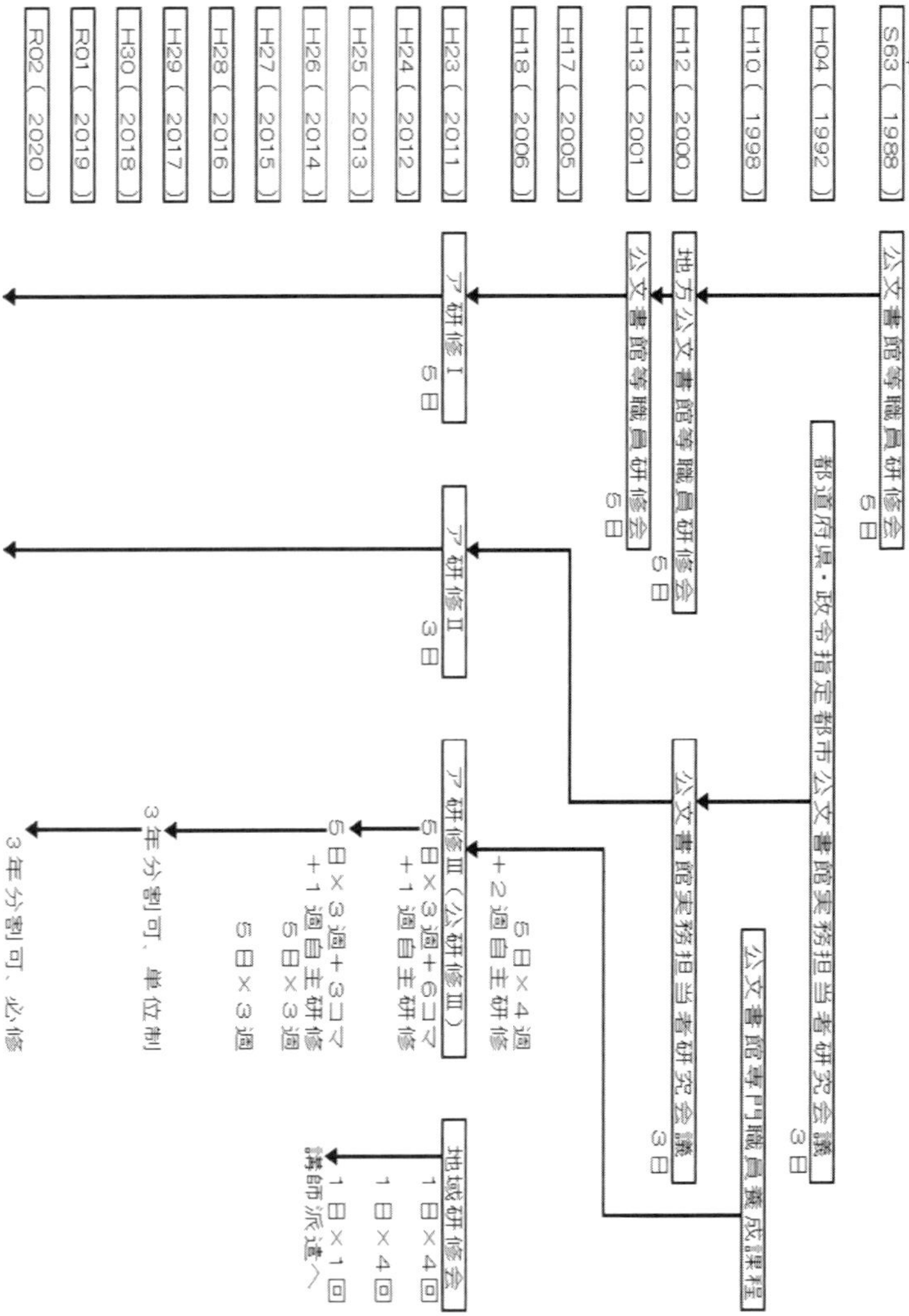

図29　国立公文書館の研修変遷（参考文献：梅原論文②より）

員立法として成立、翌八八年六月一日に施行されるに至る。

このように、「公文書館法」の成立には全史料協が大きく関わっていた。なお、この七条からなる法律のなかに専門職の問題を位置づけた意味は大きかったが、今後その専門職をどのような形で養成するかが大きな課題として残った。翌一九八八年七月三十日には、日歴協と全史料協によるシンポジウム『公文書館法の意義と専門職養成の課題』が開催される。このシンポジウムでは、この課題について議論が交わされた。その発端となった課題とは「公文書館法」第四条第二項「公文書館には、館長、歴史資料として重要な公文書等についての調査研究を行う専門職員その他必要な職員を置くものとする」と明記されていることに由来する。しかし、その規定実現に向けては附則で「当分の間、地方公共団体が設置する公文書館には、第四条第二項の専門職員を置かないことができる」とあることから、これまで専門職としての体系や定義がなされぬまま三十年が過ぎた。この間、全史料協では専門職についての定義付けを含めた取り組みを専門職特別委員会が中心に行なっている。

そのなかで、注目したいのが一九九二年（平成四）十月二十日付『「アーキビスト養成制度の実現に向けて―全史料協専門職特別委員会報告書―」』（以下、『第一次報告書』）である。これは全史料協の専門職特別委員会が会員及び関係団体へのアンケート調査やフォーラムなどを通して広く意見聴取したほか、世界のアーキビスト養成の趨勢《すうせい》を参考にしながらまとめたもので、本報告書によって文書館専門職が「アーキビスト」であり、これに公的資格を付与すべきこと、養成課程を大学院修士レベルとするカリキュラムなどが提示され、「アーキビスト」という専門職名が広く周知される契機となった。

こうした過程を経て、一九九三年には一万人におよぶ署名とともに「文書館専門職員養成制度の確立に関する請願書」が国会に提出され、翌九四年四月に衆参両議院で採択された。

この流れのなかで、一九九五年七月八日には、日歴協・地方史研究協議会・企業史料協議会・東日本大学史協議会・全史料協の合同シンポジウムが開催された。このシンポジウムは、日歴協が主体となって各団体に呼び掛けて実現したものである。

そして、同年十二月には『アーキビスト制度への提言』（第二次専門職問題特別委員会報告書、以下、『第二次報告書』）が作成された。

この『報告書』のなかでは、『第一次報告書』の成果を踏まえつつ、養成制度のより具体的な内容として、養成の教育研修コースに現在、アーキビスト認証委員会でも検討・施行されている第二種アーキビスト（準認証アーキビスト）の設定を含む大学コースの授業科目とそのカリキュラムや現職者向けのカリキュラムなどを具体的に提案している。全史料協に対しては、全史料協が各関係団体への働き掛けを強化するとともに、高等教育機関におけるアーキビスト養成課程設置とは別に、専門職団体として独自のアーキビスト研修機能を充実させること。現に全史料協が行なっている研修会活動をさらに拡充させるとともに、各文書館などが開催している地域の研修会活動に対しても、全史料協として協力していくことが有効としており、傾聴に値する。

また、養成課程における実習の重要性、資格取得者と実際の採用者との間の数的アンバランスによる資格の有名無実化や、専門職員として就職後の処遇についても危惧しており、「公文書館法」第四条第二項の専門職員であることを明確にする配慮を求めている。

翌一九九六年四月には全史料協に新たに専門職問題委員会が設立され、同月二十日には、日歴協主催のシンポジウム「史料学・史料館員問題」を開催、二〇〇七年からは日本学術会議史学委員会も共催に加わった。このシンポジウムは以後継続して開催され、今日では「史料保存利用問題シンポジウム」として定着している。

このようなシンポジウムの流れを受けて二〇〇三年六月には、日本学術会議学術基盤情報常置委員会報告「学術資料の管理・保存活用体制の確立および専門職員の確保とその養成制度の整備について」が出され、さらに全史料協の『第一次・第二次報告書』を元に同年七月には養成の基本理念（専門分野に関する学術研究活動を基盤とすることや国民に開かれた教育システムのもとでの実施）を明示した『「アーキビスト養成制度の検討について」要望書』を内閣府に設置された「歴史資料として重要な公文書等の適切な保存・利用のための研究会」宛てに提出した。その後二〇〇八年八月には日本学術会議史学委員会歴史・考古史資料の情報管理・公開に関する分科会「提言　公文書館法とアーキビスト養成」としてまとめられている。

以上の流れのなかで、アーキビストの養成に向けた研修が、一九八九年九月から国文学研究資料館（旧文部省史料館）にて「史料管理学研修会」（後のアーカイブズカレッジと改称）、八八年十一月から国立公文書館において「公文書館等職員研修会」（後の公文書館専門職員養成課程）がそれぞれ始まり、カリキュラムなどを変えながら現在に至っている。

なお、国文学研究資料館（史料館）のアーカイブズカレッジでは、全国の大学院と単位互換制度を行なっており、大学院教育との連携を図っているほか、国立公文書館の養成課程では現在アーカイブズ研修I〜IIIを実施しており、研修I・IIIおよびアーカイブズカレッジは認証アーキビスト申請に必要な研修に位置付けられているところである（図1「国立公文書館における研修変遷」〈梅原論文〉）。全史料協では後者の「国立公文書館専門職員養成課程実施要綱」に対して、実態アンケートを実施、さらに養成課程の発足を歓迎するとともにこれまでの提案を含めて「アーキビスト養成制度の確立を望むアピール」を関係機関に送付している。

3　「公文書管理法」〜現在までの動向

（1）「公文書管理法」で専門職の何が変わったか？

次に二〇〇九年（平成二十一）七月に公布された「公文書等の管理に関する法律」いわゆる「公文書管理法」以降、専門職に対する動きがどのように変わったかについて鳥取県立公文書館の足田晃《あしだあきら》氏がまとめた三つの視点からみていきたい。

まず、公文書・公文書館の意味が変化し、公文書が役人の持ち物から、市民のモノへとの意識変化がみられたこと。そして公文書は役人が、市民に説明責任を行うための重要な資料になるということである。もちろん、誰もが自由に閲覧できることが原則となる。

全史料協では「公文書館法」二〇年と三〇年の節目の大会で「公文書管理法」前後の動きを比較したが、そこでは公文書館がこれまでの「歴史資料として重要な公文書その他の記録」を保存する場所から「公文書管理条例に規定する歴史公文書等」の保管場所になったこと、公文書館が必置となったことで、単なる文書保管庫から「公文書」の館へと独立した組織になった点を確認した。ここに、これまで単なる書庫番に位置付けられていた「アーキビスト」が専門職として社会的に認知される必要性が生じたことになる。

ところで「アーキビストの職務基準書」には公文書管理法におけるアーキビストのイメージ図が所収されている（【図30】：アーキビストとレコードマネジメント）。現状では、アーキビストがレコードマネージャーの管轄部分に関わることがほぼないが、今後はより確実に文書を残すためにもレコードマネジメント部分への関与が公文書管理における大きな課題となろう。

（2）　平成の市町村合併の影響

次に、公文書管理法と関連する大きな動きが、平成の市町村合併である。いくつかの市町村が統合された結果、旧役場文書の保存・公開が課題となり、市町村公文書館の設立が急速に進んだことは周知のとおりである。

全史料協資料保存委員会では、全国の自治体に対して合併後の文書管理についてのアンケートを実施

i ）公文書管理法モデル(現状)

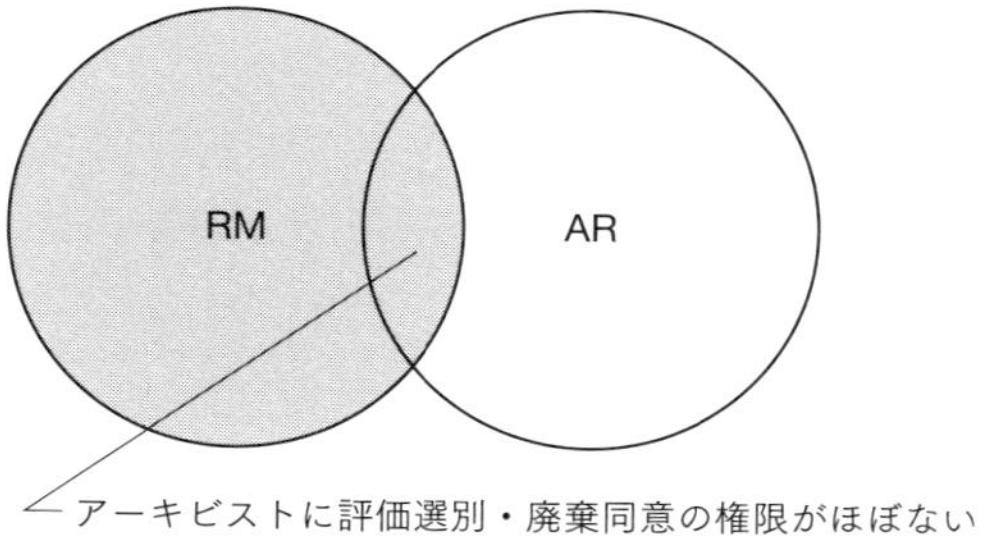

RM

アーキビストに評価選別・廃棄同意の権限がほぼない

ii ）ミショネールモデル

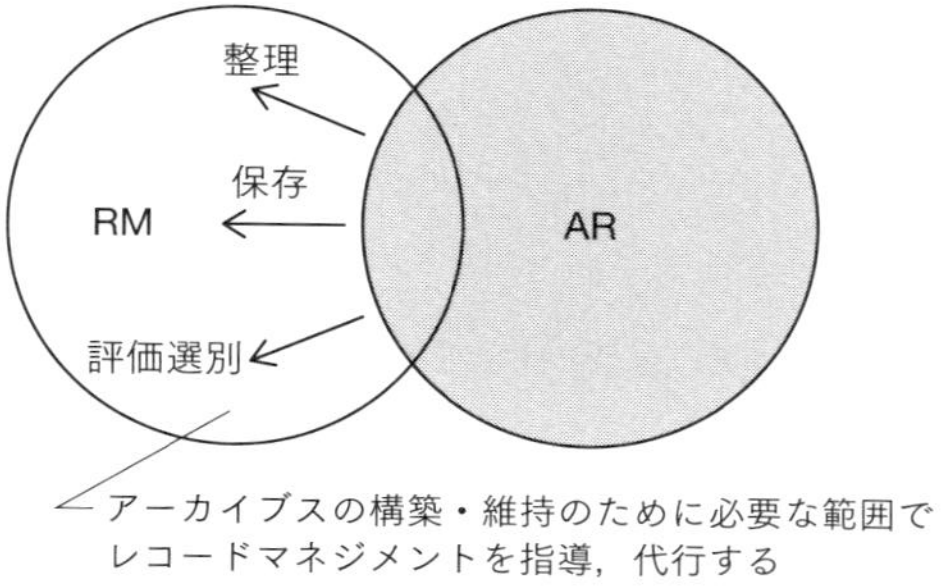

保存
RM

iii ）統合モデル

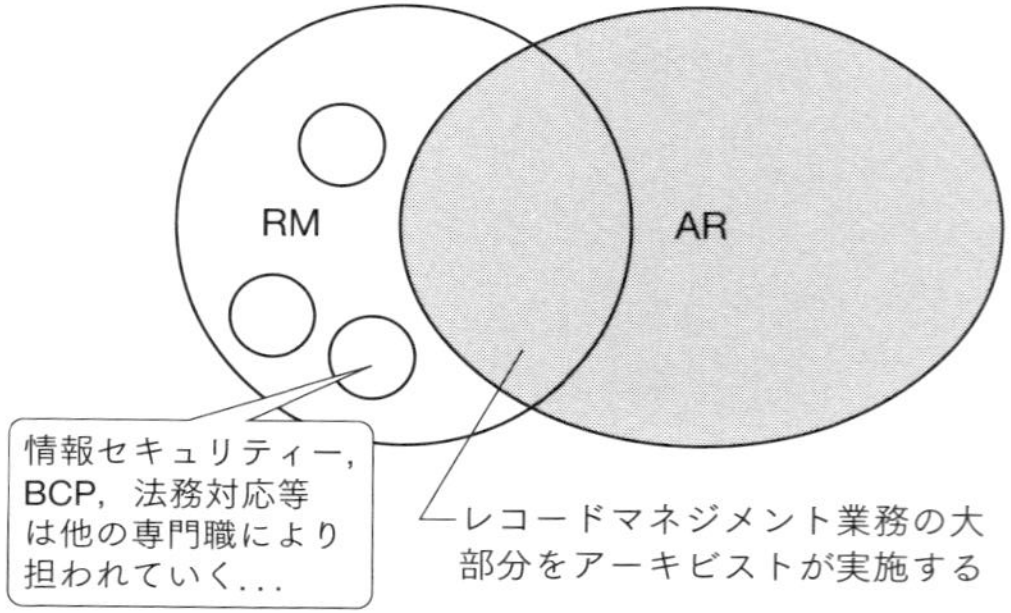

RM

情報セキュリティー，
BCP，法務対応等
は他の専門職により
担われていく...
レコードマネジメント業務の大
部分をアーキビストが実施する

アメリカにおける整理(Archivist Series, GS-1420)

	レコードマネージャー	アーキビスト
目的	現行事業ニーズを充足するための記録の効率的かつ経済的な管理	証拠的又は情報的価値の評価選別，記録と政府機関の諸活動との関連の説明
協議	・政府機関の事業の視点から見た記録の短期及び長期的価値 ・永久的価値がある記録の特定方法及びシステム構成 ・記録をアーカイブズの保管所に移管するスケジュール設定	
関心	記録の作成目的の探求，組織化，利活用	

図 30　アーキビストとレコードマネジメント(国立公文書館編『アーキビストの職務基準書』〈2018〉より)

アーカイブスの構築・維持のために必要な範囲で
レコードマネジメントを指導，代行する

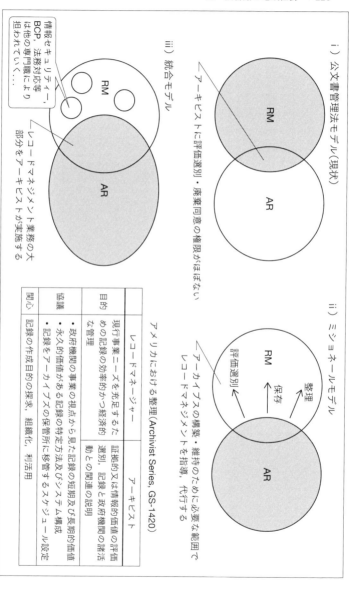

し、その結果は二〇〇三年に『データにみる市町村合併と公文書保存』としてまとめられている。

近年、市町村公文書館に関して顕著な動きがあるのが長野県である。長野県では、ここ一〇年の間に、松本市・長野市・須坂市・東御《とうみ》市・安曇野《あずみの》市・上田市・長和町・小布施町といった八館の市町立公文書館が誕生している。その背景には全史料協安曇野大会にて歴史的・地域的な繋がりがあり、かつ地域研究が盛んという共通点があるという報告があったことは記憶に新しいところである。

（3）資格としてのアーキビスト誕生とこれから

アーキビスト資格については、今回の国立公文書館の「認証アーキビスト」以前には二〇〇四年に発会した日本アーカイブズ学会により二〇一三年四月から開始された「学会登録アーキビスト」がある。その後、二〇二一年一月に国立公文書館の認証アーキビストが開始された。現在、第四期目の認証が終わり三二三名のアーキビストが誕生している。また、これまで学習院大学大学院のみであった「イ知識・技能等」が修得できる大学院および関係機関養成機関となる大学院が、二〇二三年度から、大阪・島根・東北・昭和女子・筑波・中央を加えた七大学院に拡がった。大学院がアーキビスト認証への参画を希望する場合の科目設定においては、審査規則別表の「基礎的知識・技能等」「専門的知識・技能等」に掲げられた一四項目すべてを網羅する必要がある【表5】。今後、さらにその対象となる大学院が増える一方で、二〇二四年からは「準認証アーキビスト」の申請も始まっている。アーキビストの人材育成のイメージは、『職務基準書』と「認証制度」が車の両輪の役割を果たしていることが肝要である。

表５　必修単位（審査規則別表１　知識・技能等の内容）

基礎的知識・技能等	• アーキビストの使命、倫理と基本姿勢の理解	①
	• 公文書等に係る基本法令の理解	②
	• アーカイブズに関する基本的な理論および方法論の理解	③
	• 資料保存に関する理解	④
	• デジタル化・電子文書・情報システムに関する知識	⑤
専門的知識・技能等	• 公文書等の管理・保存・利用に関する知識	⑥
	• 所蔵資料及び目録に関する知識	⑦
	• 情報公開等関係法令に関する知識	⑧
	• アーカイブズ機関に関する知識	⑨
	• 保存修復及び保存科学に関する知識	⑩
	• 海外のアーカイブズに関する知識	⑪
	• 情報化・デジタル化等に関する知識	⑫
	• 職務遂行に必要とされる技能	⑬
	• 職務全体に係るマネジメント能力	⑭

注　1　単位数は，計 12 単位を標準とする．
　　2　研修時間数は，計 135 時間を標準とする（参考文献：中野論文より）．

公文書館などにおける積極的なアーキビストの採用と配置がこの制度を支える鍵となろう。

4　現状と課題

次に認証アーキビスト制度の拡充に向けた課題について述べてみたいと思う。

やはり、気になるのは『第二次報告書』でも指摘されていたように、採用されたアーキビストが根付くための身分保障である。これは社会的な要素も多分に含まれることから、単なる需要と供給のバランスだけでなく専門性を加味した現場での評価が必要である。国立公文書が二〇二一年（令和三）に実施した認証アーキビストに関するアンケート結果では、想像していたよりは正規職員が多いことがわかり、これは公文書を扱うことが影響しているのではないかと感じる。しかし、その一方でアンケート結果では、非正規職員が過半数を超えている実態も見られる（参考資料：梅原論文②）。

　そのことに関連すれば、これまでのアーキビストのスキルであった古文書解読や目録整理だけでなく、公文書の評価・選別能力が『職務基準書』によって明確化されたことが大きいと思われる。今後は採用する自治体が『職務基準書』に沿った公文書管理制度を実施するようになれば、おのずと関連する養成プログラムや研修がますます必要になってくるだろう。そこで、現場に求められてくるのは、現職者の資格取得促進である。各現場からは、従来以上に国立公文書館をはじめとする各種研修に参加できる機会をつくることが求められてこよう。さらに、異動のスパンも課題である。短期間の異動は専門職が正職員として根付かない要因にも繋がっている。この点について、一度採用するとほぼ異動がない埋蔵文化財担当者はなぜ存在するのか。その答えは開発行為と法的な後盾が専門職の配置を担保しているからに外ならない。アーキビストも行政内部においてそのような存在になれるかが課題となる。

5　専門職に関する関係機関・諸団体のこれからの役割

　最後に、この認証アーキビスト制度を拡充するために関係機関や諸団体が行うべきことをまとめておきたい。まず、行政内部に対する働きかけ、そして全史料協をはじめとする関係諸団体・機関としても各自の研修を充実させることである。また、博物館や図書館に比べて認知が低い公文書館を幼少期から知ってもらう努力も必要だろう。学校におけるアーカイブズ教育の実践は、学習指導要領の改正もある

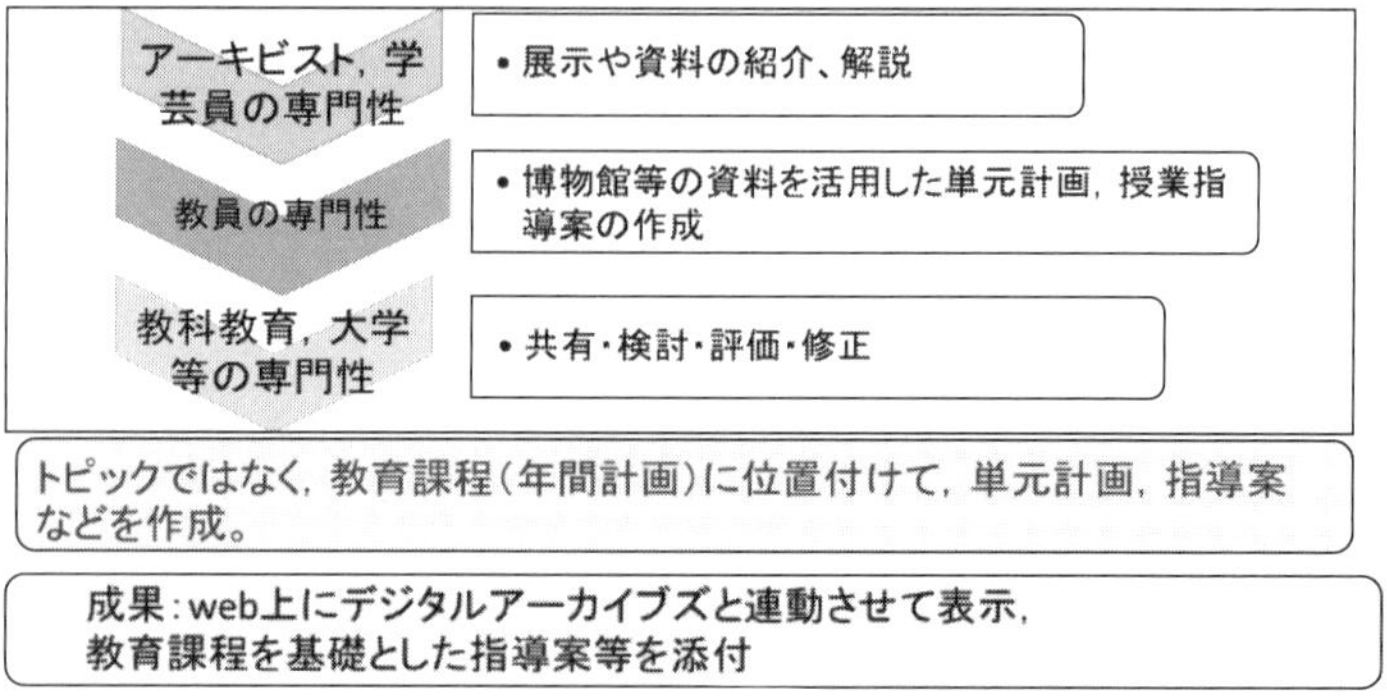
アーキビスト，学芸員の専門性
• 展示や資料の紹介、解説
教員の専門性
• 博物館等の資料を活用した単元計画，授業指導案の作成
教科教育，大学等の専門性
• 共有・検討・評価・修正
トピックではなく，教育課程（年間計画）に位置付けて，単元計画，指導案などを作成。
成果：web上にデジタルアーカイブズと連動させて表示，教育課程を基礎とした指導案等を添付

図31　公文書館・博物館などでの研修例

ことからチャンス到来と考えるべきである。歴史教育＋公民教育の場としての公文書館と歴史資料を未来へ引き継ぐための専門職がアーキビストであることを、教員研修などを通じて周知すべきである（【図31】公文書館・博物館などでの研修例〈参考文献：藤野論文〉）。

また、長野県や高知県での全史料協大会でみられたように、住民の史料保存に対する意識の高さも必要である。これは公文書だけでなく、地域史料に対する関心も同様であり、これらの二大会を通じて市民の意識の高さが、公文書館建設に結びついた事例を学ぶことができた。

現在、認証アーキビストの更新については認証委員会で検証中だが、そのなかで各種研修会の受講がポイント制となることが挙げられている点は重要である。

この点は、これまで全史料協が『第一次・第二次報告書』で要望してきた「公文書館法」第四条二項の附則についての問題とも関連する。

認証アーキビスト制度が確立されたいま、「公文書館法」成立

後の一九八八年（昭和六十三）六月に出された総理府内閣官房副長官からの施行通達「同法の解釈の要旨」にある「現在のわが国においては、その専門的な知識と経験の具体的な内容については未確定な部分があり、またその習得方法についても養成、研修の体制も整備されていない状況にある」という時期は終わったといえよう。また、同部分に「任命権者としては、当面、大学卒業程度の知識と経験を有し、上記の調査研究の業務を十分に行うことができると判断される者を専門職として任命すればよい」とある部分については、現職者に対する積極的な関連研修への参加と認証アーキビストへの申請が求められてこよう。

末筆にあたり高埜利彦氏が書かれた一文「静かな民主革命」を紹介させていただきたい（参考文献：高埜論文②）。「アーカイブズ制度とその意識を一歩ずつ地道にしかも広範に確立させることで、政府や企業が情報を改ざんし隠蔽することのない、説明責任を果たす公平で民主的な社会を実現させることが可能となる」。アーカイブズ制度が広まることで、混とんとした社会全体が前向きになることができる未来を切望したい。その意味で、アーキビストの仕事は極めて重責であるとともに、この職責を果たすためのアーキビストが社会から認知されるよう尽力することが関係者一人ひとりに求められている。

参考文献

• 足田　晃「先行自治体からの事例報告～公文書管理条例は何をもたらしたか～」（沖縄県立公文書館平成二十四年度公文書講演会・国立公文書館地域研修会「公文書管理のあるべき姿を目指して」レジュメ、

二〇一二年）
- 新井浩文「地方文書館の役割と民間アーカイブズ―地方創生に向けた新たな取り組みを目指して―」（国文学研究資料館編『社会変容と民間アーカイブズ』勉誠出版、二〇一七年）本書Ⅲ―第二章参照
- 新井浩文「史料保存利用問題と文書館の今日―平成〜令和へ、アーキビスト元年に想う―」（『葦のみち』、二〇二一年）。本書エピローグ参照
- 岩上二郎『公文書館への道』（共同編集室、一九八八年）
- 梅原康嗣①「国立公文書館における研修の実施について―専門職員養成を中心にその歴史を振り返る―」（『アーカイブズ』第八一号、二〇二一年）
- 梅原康嗣②「アーキビスト認証の拡充検討について―全国公文書館長会議構成館に対するアンケート調査結果を中心に―」（『日本歴史学協会年報』第三八号、二〇二三年）
- 国立公文書館統括公文書専門官室連携担当「公文書管理条例の制定状況について」（『アーカイブズ』第七一号、二〇一九年）
- 高埜利彦①「日本歴史学協会の活動」（『アーカイブズ』第四二号、二〇一〇年）
- 高埜利彦②「静かな民主革命」（『史学雑誌』第一二〇編九号、二〇一一年）
- 中野　佳「アーキビスト認証の仕組みと大学院修士課程における科目設置について」（『アーカイブズ』第八四号、二〇二二年）
- 藤野　敦「新学習指導要領における公文書館等との連携について」（『アーカイブズ』第七二号、二〇一九年）
- 「歴史資料保存法の制定について」（日本学術会議ホームページ https://www.scj.go.jp/ja/info/kohyo/06/08-16-k.pdf）

・「文書館法の制定について」（同右 https://www.scj.go.jp/ja/info/kohyo/09/11-21-k.pdf）
・「提言　公文書館法とアーキビスト養成」（同名 https://www.scj.go.jp/ja/info/kohyo/pdf/kohyo-20-t62-5.pdf）
・『全史料協会報　第45回安曇野大会特集号』（二〇二〇年）
・『全史料協会報　第47回高知大会特集号』（二〇二二年）
・全史料協専門職問題委員会編『アーキビスト制度関係資料集』（二〇〇九年）
・全史料協編『日本の文書館運動―全史料協の20年―』（岩田書院、一九九六年）
・座談会「シリーズ　歴史家とアーキビストの対話」を振り返る（『歴史学研究』一〇二六、二〇二二年）
・全史料協資料保存委員会編『データに見る市町村合併と公文書保存』（岩田書院、二〇〇三年）
・小松芳郎『市史編纂から文書館へ』（岩田書院、二〇〇〇年）

エピローグ――明日のアーキビストへ

1　アーキビスト元年を迎えて

二〇二一年（令和三）元日、第一回国立公文書館認証アーキビストの審査結果が報告され、筆者を含む一九〇名のわが国初となる認証アーキビストが誕生した。一九八八年（昭和六十三）の公文書館法施行以降、同法第4条第2項に「公文書館には、館長、歴史資料として重要な公文書等についての調査研究を行う専門職員その他必要な職員をおくものとする」とあるにもかかわらず、附則第2項で「当分の間、地方公共団体が設置する公文書館には、第4条第2項の専門職を置かないことができる」とされた専門職が三〇年の時を経てようやく実現した瞬間である（なお、二〇二四年現在、認証アーキビストは三二三名となっている）。

平成～令和へと時代の移るなかで、この公文書館専門職問題は幾度もその機会を探りながら実現しなかった経緯がある。この期間はある意味、「公文書館法」～「公文書管理法」への文書管理の歩みとも重なる期間である。本章では、この間の文書館を巡る動向について全体を振り返るとともに、アーキビストが誕生したいま、今後の文書館の在り方についても述べてみたい。

2 「公文書館法」から「公文書管理法」へ

(1) 「歴史資料保存法」から議員立法「公文書館法」へ
――日本学術会議の動向

「公文書館法」の成立に至るまでの道のりは決して平易でなかったことは、これまでも述べてきたことであり、ここでは詳細に触れることはしないが、戦後四〇年にわたる史料保存運動の存在と、何よりも大きな画期となったのは、本書でみてきたように日本学術会議による二つの勧告、「歴史資料保存法の制定について」(一九六九年〈昭和四十四〉)および「文書館法の制定について」(一九八〇年)であり、この趣旨を生かして「公文書館法」が成立したことであり、所理喜夫氏をはじめ多くの関係者が積極的に評価している。(1)最近、政府による日本学術会議会員任命拒否が大きな問題となっているが、少なくとも「同法」成立に日本学術会議が果たした役割はきわめて大きいと言わざるを得ない。(2)

その後日本学術会議は、一九九一年(平成三)に「公文書館の拡充と公文書館等の保存利用体制の確立について」を当時の海部内閣総理大臣ほか関係諸機関に要望し、その具体策を提言している。以下、ここでは指摘された四つの問題点を簡単に紹介しておく。

①「歴史資料として重要な公文書等の保存・利用」の義務化と「具体的な措置」の明確化→国立公文書館の拡充とその権限の強化
②公文書の移管に際し、現用段階で廃棄されないために、移管手続き、その過程での公文書館ないし「調査研究を行う専門職員」の権限強化→地域文書館の設立・整備のための国の支援の強化
③「調査研究を行う専門職員」の資格・地位等についての規定がなく、附則第2項で当面の間置かないことができるとする特別規定があることから、公文書館専門職の地位の制度化→公文書館専門職員養成制度と資料学・文書館学研究体制の整備
④公文書館設立に際しての地方公共団体への補助金交付→公文書館法の整備

この四点の具体的な要望は、その後の委員会に引き継がれ、①については国立公文書館法の成立（一九九九年）において成果をみた。すなわちこれまで政府の政令機関であった「国立公文書館」を法律によって位置づけられた機関としただけでなく、行政・司法・立法の三権に関する公文書などを保存・利用する機関となった意義は大きい。なお、③に関しては現在、国立公文書館のアーカイブズ研修Ⅰ・Ⅲ、および国文学研究資料館で行なっているアーカイブズ・カレッジ（長期）が、今回の認証アーキビスト申請の研修対象となっており、こちらも日本学術会議による要望の趣旨が今回の認証アーキビスト制定にも引き継がれ、大きな役割を果たしたことがうかがえる。(3)

（2）「公文書管理法」のいま

さらに、前項②の問題については、二〇〇九年に公布された「公文書管理法」で現用公文書の管理が法制化されたことにより、現用段階からの文書管理が可能となった。しかし、近年の森友・加計問題をはじめとする一連の公文書不存在や廃棄といった「公文書管理法」を遵守しないケースが政府により相次いでいる(4)。

なぜ、このような事態が起こっているのか。その一因として、「調査研究を行う専門職員」としてのアーキビストの配置とその前提となる資格・地位等についての規定がないことが挙げられる。この課題について、国立公文書館が新たな取り組みとして臨んだのが次節の『アーキビストの職務基準書』策定である。

3　『アーキビストの職務基準書』から認証アーキビストの誕生へ

（1）『アーキビストの職務基準書』について

「公文書館法」および「公文書管理法」を十分に機能させるためには専門職としてのアーキビストの配置が欠かせないことはすでに述べたとおりであるが、わが国においては、アーキビストそのものについての認知度が低く、まずは職業としてのアーキビストを社会全体の中に位置付ける必要があった。そのため、二〇一六年（平成十四）三月、国立公文書館では、「日本におけるアーキビストの職務基準（素案）」を策定する一方、内閣府に設置されている国立公文書館の機能・施設の在り方に関する調査検討会議が『国立公文書館の機能・施設の在り方に関する基本構想』を公表した。そのなかで国立公文書館に求められる機能の方向性の一つに人材育成機能があり、資格制度の確立に向けた検討が盛り込まれた。その趣旨では「我が国全体としての人材の充実の観点では、文書管理に関わる人材をめぐる海外の動向などを踏まえつつ、これからの時代に求められる人材像を明確にするとともに、公的な資格制度を確立することも有効な手段と考えられる。資格制度の検討に当たっては、民間企業も含めたアーカイブズの保存と利用に通じた人材に対する潜在的なニーズの掘り起こしなどにより、人材の「受け皿」の確保を図る必要がある」と謳《うた》われている。

翌二〇一七年二月には、公文書管理委員会（第五十三回）による「公文書管理法施行五年後見直しの対応案」のなかで、「職務基準書」を踏まえた研修整備や大学などの高等教育機関との協力体制構築、国立公文書館による認証制度の設置が盛り込まれた。そして、同年五月には筆者を含む六名の構成員による「アーキビストの職務基準書に関する検討会議」が始まり計五回の検討会議を経て、二〇一八年十二月に『アーキビストの職務基準書』が確定した。

その構成は、趣旨、用語の使用についてに続いて、①アーキビストの使命、②アーキビストの倫理と基本姿勢、③アーキビストの職務、④必要とされる知識・技術、⑤備考、別表1職務と遂行要件の対応表、別表2職務の内容とその遂行要件、別表3遂行要件の解説、資料『アーキビストの職務基準書』の検討経緯となっている。(5) アーキビストとはどのような職業なのか?、すなわち職の位置づけは、ある意味アーキビストの使命とは何かであり、それは冒頭にあるようにアーキビストの倫理と基本姿勢を根幹としている点に特徴がある。これは、「公文書館法」「公文書管理法」を適法化する意味でアーキビストがその番人でもあることを意図している。

なお、『同書』の遂行要件については、これまでも関係団体との意見交換でも指摘されているように、国と地方公共団体では、その職務内容に幅があり、当然のことながらすべての要件が遂行されることを基準書が求めているわけではない。冒頭の加藤館長による挨拶にもあるように「各機関の実態に合わせて弾力的な対応を図っていただく」ことを目的としている点を確認しておきたい。

(2) 認証アーキビストの概要と今回の結果

最後に今回の認証アーキビストの概要と今回の結果を述べておきたい。まず、認証対象者は以下の三要件を満たしていることが認証条件となっている。

①実務経験→評価選別・収集などの実務経験が原則三年以上
②知識・技能→高等機関教育科目履修または国立公文書館等の研修終了
③調査研究能力→修士課程を修了、アーカイブズに係る調査研究実績一点以上

認証の仕組みは、申請者が国立公文書館長に対して申請し、館長が有識者からなるアーキビスト認証

委員会に審査を依頼、同委員会が審査結果を館長に報告、館長が申請者を認証するといった流れとなっている。ちなみに、初年度の令和二年度は、九月一〜三十日までが申請受付、十二月に認証委員会による審査を経て、十二月十五日に合否通知、令和三年一月一日認証、同月八日に名簿公表という日程であった。申請者数は二四八名で、認証者数は一九〇名、認証率は七六・六%である。なお、認証者の所属の内訳は公文書館が五八%、その他の機関が四一%、非公開一%となっており、このうち公文書館の内訳は、国立機関が三九%、地方公文書館が六一%と過半数を超えている。全国の公文書館で働く職員が、専門職として認証される結果となったことは、今後の国内における公文書館専門職としての広がりを考えるうえで大きな意味を持つ。また、その他機関には、博物館や図書館、編さん室などの類縁機関のほか民間企業や大学アーカイブズ所属の認証者がみられることからも、今回の認証制度が公的機関以外からも一定の評価を持って受け入れられた結果といえるだろう(6)。

4　公文書館とアーキビストの必要性

以上、認証アーキビストを一つの報告題材として述べてみた。近年のコロナ禍のなか、混沌とした世上にあって思うことは、改めて「なぜ公文書館が必要なのか」、そして、そこで働く専門職として「なぜアーキビストが必要なのか」ということである。このたびアーキビストが認証され、社会的に位置づけられたことは、高埜利彦氏がいうような「アーカイブズ制度とその意識を一歩ずつ地道にしかも広範に確立させることで、政府や企業が情報を改ざんし隠蔽することのない、説明責任を果たす公平で民主的な社会を実現させることを可能にする、『静かな民主革命』(7)がようやく緒に就いた、スタートラインの状態と換言できるかもしれない。

史料保存利用運動から四〇年余の時を経て、ようやく実現したアーカイブズ制度の芽を今後どのように社会のなかで根付かせていくべきか。課題は山積であるが、関係者として引き続き地道に取り組んでいくとともに、アーキビストを目指す後進を育てていくことの重責を感じている。

註

(1) 所理喜夫「日本学術会議と地方史運動」(『徳川権力と中近世の地域社会』岩田書院、二〇一六年)

(2) この日本学術会議会員任命拒否に関しては、十月十八日付で日本歴史学協会から「菅首相による日本学術会議会員の任命拒否に強く抗議する」(声明)や、十一月六日付で人文・社会科学分野の一〇四学協会および一一五の賛同学協会から「日本学術会議第二十五期推薦会員任命拒否に関する人文・社会科学系学協会共同声明」が出されている。これに対し、政府は日本学術会議そのものの見直し・検討を始めており、きわめて異例な状況となっている。なお、人文社会系学協会連合連絡会編『私たちは学術会議の任命拒否問題に抗議する』(論争社、二〇二一年)も参照のこと。

(3) なお、日本学術会議はその後、二〇〇一年の行政改革により七つの委員会が六つの委員会に改正された。所理喜夫氏は、前掲論文のなかで「二〇〇一年の行政改革後も、半世紀の間、実現してきた日本学術会議の性格―国の学術政策を審議し、政府に勧告できる機能と、日本の学術体制を内外に向けて代表するアカデミー機能―は絶対に維持されるよう運動しなければならない」と述べている。まさに現在の日本学術会議が危機的状況にあるなかで、傾聴に値しよう。

（4）毎日新聞取材班編『公文書危機　闇に葬られた記録』（毎日新聞出版、二〇二〇年）。

（5）『アーキビストの職務基準書』については左記のURLよりダウンロードできる。なお、本書Ⅲ―第三章も参照のこと。
www.archives.go.jp/about/report/pdf/syokumukijunsyo.pdf
また、「同書」検討会議の経過については、国立公文書館のホームページ参照。

（6）令和二～五年度の「アーキビスト認証の実施結果について」は、国立公文書館ホームページ参照。

（7）高埜利彦「静かな民主革命」（『史学雑誌』第一二〇編第九号、二〇一一年）、本書Ⅲ―第三章参照。

あとがき

本書のタイトルは、『文書館のしごと―史料保存とアーキビスト―』であるが、内容は筆者の四半世紀におよぶ埼玉県立文書館での活動の一部をまとめたものである。拙文を一冊の本としてまとめることを勧めてくれた吉川弘文館に深謝申し上げたい。

思えば、筆者と文書館との出会いは学芸員として埼玉県教育委員会に採用され県立博物館（現歴史と民俗の博物館）に奉職してから、文書館が初めての異動先となったことに端を発する。文書館に関してそれまで無知だったことから、「まずは学ばなくては」と最初に手にした本が、当時吉川弘文館から出されていた『史料館・文書館学への道』と『史料保存と文書館学』の二冊であった。その後、史料管理学研修（現アーカイブズ・カレッジ）で国文学研究資料館史料館（現国文学研究資料館）に勤務されていた著者の安澤秀一先生や大藤修・安藤正人両先生はじめ多くの先達方と直接お会いする機会に恵まれ、文書館の仕事にのめり込むことになった。右の大著の足下にも及ばないが拙著を同じ出版社から刊行していただけたことは光栄の至りというほかない。

職場の埼玉県立文書館は、当時、全国歴史資料保存利用機関連絡協議会（全史料協）の会長事務局を担っており、その後私も各種委員会の事務局を担当させていただいたことから全国に多くの知人を得たことが大きな宝物となっている。まだ、三十代で体力もあった頃、全史料協近畿部会の例会に浦和から関西まで夜行日帰りで参加したことも今では懐かしい思い出である。

県内では埼玉県地域史料保存活用連絡協議会（埼史協）の事務局を通して、県内市町村の史料保存担当者とのネットワークができたのもありがたかった。多くの先輩方から中堅が若手を育てることの大切さを教えられ、それぞれの自治体で今や史料保存の主戦力たる後継者を育てていただいた。自分がその立場になり、果たしてどれだけその役割ができたかについては、はなはだ心許ない限りである。

現在も日本図書館協会資料保存委員会委員を拝命しているが、図書館司書の方々から委員会の活動を通して紙資料の保存を学ぶ機会を得た。今では当たり前だが、それまで文書館と図書館はかなり近い仕事をしている（と思っていた）のに、あまり交流がなかったと感じていた私は、意識的に文書館の活動を図書館大会で報告するなど、橋渡し役として奮闘させていただいたが、この想いは今も変わってはいない。

また歴史学会を中心とする活動では、地方史研究協議会や日本歴史学協会の常任委員として直接・間接的に現場の立場から史料保存に関する意見を発信する機会にも恵まれた。国と地方、地域との史料保存の関わり方は少しずつ温度差があり、この点を解消していくことが肝要であると常に痛感させられている。

二〇二一年（令和三）に始まった国立公文書館の認証アーキビスト制度の前提となる『アーキビストの職務基準書』策定メンバーに地方文書館の立場から参加させていただいた際には、この『基準書』が専門職誕生の分水嶺になるとの願いから毎回緊張して会議に参加したことを覚えている。『基準書』はあくまでも、国を基本とするアーカイブズのガイドラインではあるが、自治体でも、段階的に行えることから取り組むための指針となる。『基準書』がなければ高みは目指せないわけで、やはり必要なのだと思う。ちなみに作成にあたっては、全史料協が作成した「ミニマムモデル」「ゴールドモデル」を参考にしたが、一方で常に念頭にあったのが、『アーキビストの倫理綱領』であった。公文書を作成するのも「人」であれば、残すのも「人」である。昨今まさに公務員の矜持が求められている。

二〇二一年元日、国立公文書館認証アーキビストとして登録された。これまで実現しなかった文書館専門職が誕生した瞬間でもあり、アーキビストがようやく日本でも世間一般に知られるようになったことは、望外の喜びであった。あれから、三年が経過し今年の元日には四期目となる新たな認証アーキビストが誕生し、着実にその輪は広がっている。

それだけに二〇二四年元日に起こった能登半島地震には、衝撃を受けた。文書館に勤務して以来この間、阪神淡路大震災、東日本大震災をはじめ各地で地震や風水害が頻発し、自分に何ができるのかをそのたびごとに自問自答させられた。今回も、その時の記憶が蘇ってきた。

自然災害は残念ながら未然に防ぐことは難しい。しかし、紛争によって貴重な歴史資料が失われることは関係者が戦争を回避することで避けることができる。この「あとがき」を執筆中のいまもロシアとウクライナ、パレスチナとイスラエルで多くの尊い人命が失われている。そのなかに時折、文化財や博物館施設が破壊されたニュースを見るにつけ心が痛む。一刻も早い平和が訪れることを切に願ってやまない。

以上、お一人お一人のお名前は挙げないが、文書館での四半世紀は、実に多くの師や先輩、後輩、同僚、友人、そして常に温かく見守ってくれている家族に囲まれてアーカイブズの仕事に関わってこられたことは、感謝としか言いようがない。その素晴らしさを、これからアーキビストを目指す人たちにも伝えたいという気持ちでいっぱいである。

最後に、アーキビストを目指す人たちにかつて北川健氏が提唱されたアーカイブズの本質を捉えた「三つの〈み〉（みずからが・みずからの文書記録を、みんなのために保存公開し、みらいにむけて守り伝える）」（『地方史研究』二二八号、一九九〇年）を紹介し、拙文を閉じたい。

誰のため何のために文書を遺すのか、この疑問に対する答えを握るのはアーキビスト「その人」である。これからも人と人との繋がりのなかで少しでも長くアーキビストの「しごと」が続けられたら望外の喜びである。

二〇二四年一月

還暦後二年目の正月を迎えて

新　井　浩　文

初出一覧

プロローグ「文書館施設って何ですか?」(『ネットワーク資料保存』一〇五、二〇一三年)

Ⅰ　文書館の仕事

一「文書館における民間所在史料の取り扱いをめぐって」(『埼玉県立文書館紀要』一五、二〇〇二年)

二「どこへ行く古文書―古文書史料の保存・公開をめぐる現状と課題―」(『三郷市史研究　葦のみち』一六、二〇〇四年)

三「埼玉県立文書館収蔵史料を用いた授業モデル―高校生に向けた文書館利用の取り組み―」(『埼玉県立文書館紀要』三〇、二〇一七年)

Ⅱ　文書館における史料保存

一「行政文書の劣化状態調査について―起案用紙の劣化を中心に―」(『埼玉県立文書館紀要』九、一九九六年)

二「記録の残し方」(東京基督教大学　教会アーカイブズ研究会編『教会アーカイブズ入門』所収、いのちのことば社、二〇一〇年)

三「埼玉県立文書館における保存管理」(『文化財の虫菌害』六二、二〇一一年)

Ⅲ　文書館と地域社会

一　「市町村合併と編さん事業―昭和と平成の合併前後を比較して―」（『埼玉県立文書館紀要』二三、二〇一〇年）

二　「地方文書館の役割と民間アーカイブズ―地方創生に向けた取り組みを目指して―」（国文学研究資料館編『社会変容と民間アーカイブズ』所収、勉誠社、二〇一七年）

三　「公文書館専門職のこれまでとこれから―認証アーキビストの拡充に向けて―」（『日本歴史学協会年報』三八、二〇二三年）

エピローグ　「史料保存利用問題と文書館の今日―平成～令和へ、アーキビスト元年に想う―」（『三郷市史研究　葦のみち』三一、二〇二一年）

＊　掲載に当たっては、それぞれ大幅に改稿の上、掲載した。

索　　引

あ　行

か　行

さ　行

た　行

な　行

は　行

ま　行

や・わ　行

図表一覧

〔図　版〕

〔　表　〕

＊　とくに所蔵先の記載のない史料写真は，埼玉県立文書館収蔵。
図 23・24 はカバーにも掲載。

ICA (INTERNATIONAL COUNCIL ON ARCHIVES) アーキビストの倫理綱領　日本語版

はじめに

A.　アーキビストの倫理綱領は，文書館学専門領域の行動に質の高い基準を設けようとするものである。
　この倫理綱領は，新たにこの領域のメンバーとなる人には基準を教示し，また経験を積んだアーキビストにはその専門領域の責任について注意を喚起し，一般人に対してはその領域への信頼を浸透させようとするものである。

B.　この倫理綱領においてアーキビストとは，文書館資料の制御，整備，保管，保存及び管理にかかわるあらゆる事柄に関わる者をいう。

C.　所属機関及び文書館当局は，本倫理綱領の実施を可能とすべき方針や実務を採択することが推奨される。

D.　この倫理綱領は，この専門領域の構成員に倫理上の指針を与えようとするものであり，特定の諸問題を特に解決しようとするものではない。

E.　主文には全て解説が付されている。倫理綱領は主文と解説とで構成されるものとする。

F.　綱領は，文書館機関や専門家団体がこれを実施したいという希望によって構成されている。これは，教育的努力の形式，及び疑義ある場合の指針の提供や，倫理にもとる行動に関する検討，並びに適切と考えられる場合には制裁の適用のための機構の創設に用いる。

倫理綱領

1. アーキビストは，文書館資料の完全性を保護し，それにより資料が過去の証明として信頼できるものであり続けることを保障しなければならない。

アーキビストの第一義的な義務とは，アーキビストが管轄し，その収蔵にかかる記録について，現状をそのままに維持管理することである。この義務の遂行にあたり，アーキビストは，雇用者，所蔵者，デ

ータ件名，並びに過去・現在・未来の利用者のいずれについても，時には相反することもある権利と利益の正当性を考慮しなければならない。アーキビストの客観性，公平性は，プロ意識の尺度である。アーキビストは，事実を隠蔽，あるいは歪曲するために，証拠を操作するいかなる情報源の圧力にも抵抗すべきである。

2. アーキビストは文書館資料を歴史的，法的，管理運営的な観点からみて評価，選別，維持管理を行い，それにより出所の原則，資料の原秩序の保存と証明を残さねばならない。

アーキビストは常識的な理念と実務にしたがって行動しなければならない。アーキビストはアーカイブズの理念にしたがって，電子記録やマルチメディア記録を含め，現用及び半現用記録の作成，維持管理及び処分，文書館へ移管する記録の選別と受け入れ，アーキビストが管轄する資料の保安，保存及び修復，並びにそれら資料の整理，記述，出版を含む利用提供について考慮しつつ，その義務と機能を果たさなければならない。アーキビストは所属する文書館機関が運営上求める要件，及び受入れ方針について完全な知識を持った上で，これを勘案しつつ記録の評価を行うべきである。アーキビストは文書館の理念(すなわち出所の原則，原秩序尊重の原則)と承認された標準に従い，できる限り速やかに，保存のために選別した記録の整理と記述をすべきである。アーキビストは所属機関の目的及び財源に沿って記録を受け入れるべきである。アーキビストは，記録の現状維持や保安の危機を冒してまで，あえて記録の受入れを模索・承諾すべきではない。アーキビストは，これら記録の最も適切な保存場所での保存を確保するため，相互協力すべきである。アーキビストは，戦時下や占領下に持ち去られた公的資料を，本来の発生国に返還するため，協力すべきである。

3. アーキビストは，資料が文書館で処理，保存及び利用に付される間，損なわれることがないよう保護しなければならない。

アーキビストは電子記録やマルチメディア記録を含め，評価，整理及び記述，修復，利用などの文書館業務のために，記録の資料価値が損なわれることがないよう万全を期するべきである。標本抽出は，必

ず注意深く考案された手法と基準にしたがって行うべきである。原本を別のフォーマットで代替する場合は，その記録の法的価値，評価額，情報価値についての検討を必ず行うべきである。閲覧制限のある書類を一時的にファイルから外す場合は，利用者に対してこの事実を周知すべきである。

4. アーキビストは文書館資料が継続的に利用され，理解されるように努めねばならない。

アーキビストは，資料を作成並びに収集した人物又は機関の活動についての，必須の証拠を守り，かつ研究動向の変化を念頭におきつつ，その資料を保存するか廃棄するかの選別を行わねばならない。アーキビストは，出所が疑わしい資料の取得に当たっては，それがいかに興味深い内容のものであれ，不正な商取引に関与する可能性があることを念頭に置かねばならない。アーキビストは，かけがえのない記録を盗んだ容疑者の逮捕・起訴のためには，他機関のアーキビストや法務当局や警察などと協力すべきである。

5. アーキビストは，自らが文書館資料に対して施した行動を記録し，それが正当であることを証明しなければならない。

アーキビストは，資料のライフサイクル全体を通じた良好な記録の管理実務を主唱し，新しいフォーマット及び新たな情報管理実務への取組みについて記録作成者と協力しなければならない。アーキビストは，現存する記録の取得と受入れのみならず，価値ある記録の保存に適切な手続を，情報や記録が発生する時点からはじまる現用情報及び保存システムと合体させることについても，注意を払う必要がある。文書作成部局の職員や記録の所蔵者との交渉に当たるアーキビストは，次の各項目について該当する場合は，これを十分に考慮した上で公正な決定を模索しなければならない：移管，寄贈，売却の当事者；財政取決め及び利益；処理の計画；著作権と閲覧条件。アーキビストは，資料の取得，修復及びあらゆる文書館にかかわる業務について記した永久記録を保管しなければならない。

6. アーキビストは文書館資料に対する最大限の利用可能性を促進し，すべての利用者に対して公平な業務を行わなければならない。

アーキビストは，管轄するすべての記録について，総合目録と，必要なら個別目録の両方を作成すべきである。アーキビストは，あらゆる方面に対して，公正な助言を行い，バランスのとれる範囲でサービス提供を行うために，利用できる資源を採用すべきである。アーキビストは，所属機関の方針，所蔵資料の保存，関係法令への配慮，個人の権利，寄贈者との覚書などを勘案した上で，所蔵資料に関する常識的な質問にはすべからく，丁寧に，親切心を持って応答し，資料を可能な限り利用するよう，奨励すべきである。アーキビストは，資料を利用する可能性のある人々に対し，非公開の事由を適切に説明し，だれに対しても平等な対応をしなければならない。また，アーキビストは，正当な理由なく閲覧利用が非公開とされている資料を減らすよう，つとめるべきであり，また資料の受入れに当たっては，明確な期限のある非公開である旨を記した，受入れ承諾書を受け取ることを提案することができよう。アーキビストは，資料受入れ時に作成したすべての覚書を，誠実かつ公正な目で観察し，アクセスの自由化の利益のためには，状況の変化に沿って閲覧条件の再交渉を行うべきである。

7. アーキビストは，公開とプライバシーの両方を尊重し，関連法令の範囲内で行動しなければならない。

アーキビストは，法人及び個人のプライバシー並びに国家安全に関することでは，情報を損なうことなくこれを保護するよう注意を払うべきである。とりわけ，電子記録の場合は，更新や削除が簡単に行えるので，十分な注意を払わねばならない。アーキビストは，記録の作成者又は記録の対象となった個人，とりわけ資料の利用又は処分について声を上げることができない個人のプライバシーを尊重しなければならない。

8. アーキビストは，一般的な利益において与えられた特別な信頼を用い，自らに与えられた地位を利用して，不公正に自らあるいは他者に利益をもたらすことを避けなければならない。

アーキビストは，専門的な完全性，客観性及び公正性を損ないかねない活動を慎まねばならない。機関，利用者及び同僚を傷つけて，財政的その他個人的な利益を得てはならない。アーキビストは，自らの責任エリアに属する原本資料を個人的に収集すべきではなく，また資料の商取引に関与すべきではない。アーキビストは公衆に利益の衝突を印象づけかねない行動を避けなければならない。アーキビストが所属機関の所蔵資料を用いて個人研究や著作発表を行う場合，その資料を利用できる条件や範囲は，一般利用者と同じでなければならない。アーキビストは，業務の中で得た非公開の所蔵資料にかかわる情報を，漏らしたり利用してはならない。アーキビストは，アーキビストが雇用されている専門的及び管理運営上の義務の適切な遂行を妨害するような，アーキビストの個人的な研究や著作発表の関心を，許容してはならない。所属機関の資料を利用する場合，研究者に対しまずアーキビストがその知識を用いたい旨を通知してからでなければ，アーキビストはその研究者による未発表の知識を用いてはならない。アーキビストは，所属機関の資料に立脚して書かれたその分野の他者の著作のレビューやコメントは，してもよい。アーキビストは，専門外の人々が文書館の実務や責任についての調停を行うことを許容してはならない。

9. アーキビストは，文書館学に関する知識を体系的・継続的に更新することにより専門領域についての熟練を追求し，その研究と経験の結果を実際に還元するよう努めなければならない。

アーキビストはその専門的理解と熟練をさらに広げ，専門的知識を有する団体に貢献し，アーキビストが管轄する研修や活動が適正な方法でアーキビストの使命を遂行するために用いられるよう，努めなければならない。

10. アーキビストは，同一あるいはその他の専門領域の構成員と協力して，世界の記録遺産の保存と利用を促進しなければならない。

アーキビストは，文書館の標準と倫理への信念を強めつつ，専門分野の同僚間での協力を高め，紛争を避ける方法を模索しなければならない。〔1996年9月6日中国・北京における第13回ICA総会で採択〕（全史料協HP）

年表　アーキビストに関するこれまでの動き

年 月 日	事　項
1951. 5	文部省史料館設置(のちに国文学研究資料館史料館, 現国文学研究資料館)
1953. 4. 1	山口県文書館開館
1959. 11	日本学術会議,「公文書散逸防止について」を政府に勧告
1963. 10. 28	京都府立総合資料館(現京都府立京都学・歴彩館)開館
1968. 10. 1	東京都公文書館開館
1969. 4. 1	埼玉県立文書館開館
1971. 4. 15	外務省外交史料館開館
1971. 7. 1	国立公文書館設置(現独立行政法人国立公文書館)
1974. 7. 1	藤沢市文書館開館
1976. 1. 14	歴史資料保存利用機関連絡協議会(略称：史料協)設立準備委員長名にて発会式並びに研究会の開催案内を国立公文書館・公立図書館長・公立公文書館関係事務主務課へ送付(翌 2.21-22 に山口県文書館で結成大会開催)
1977. 11. 21	日本学術会議,「官公庁文書資料の保存について」の要望書を政府に提出
1978. 1. 4	史料協,「歴史資料(文書)の保存について(要望)」を都道府県知事・教育委員会教育長に提出
1980. 5. 12	日本学術会議,「文書館法の制定について」を政府に勧告
1981. 11. 5	企業史料協議会設立
1983. 7	史料協,「文書館等職員に関する調査」実施, 結果は同会『会報』第 8 号で公表
1984. 7. 14	地方史研究協絵議会, シンポジウム「史料保存と文書館」(於：法政大学)開催
1984. 1	史料協, 全国歴史資料保存利用機関連絡協議会(略称：全史料協)と改名, 全史料協関東部会設立
1985. 10. 4	全史料協,「文書館法制定についての要望書」を内閣総理・文部・自治省に提出
1987. 5. 20	岩上二郎参議院議員の指示で, 参議院法制局が「公文書館法大綱(案)」(第 1 次案)起草. 以後第 4 次まで
1987. 11. 30 -12. 4	国文学研究資料館史料館(国立史料館),「文書館学研修会」開催
1987. 12. 9	「公文書館法」成立, 15 日公布
1988. 5. 25	日本学術会議,「公文書館専門職員養成体制の整備について」発表
1988. 6. 1	「公文書館法」施行
1988. 7. 30	日歴協・全史料協「シンポジウム『公文書館法の意義と専門職養成の課題』」開催
1988. 9. 10	国文学研究資料館史料館,「史料管理学研修会」開始(近世史料講習会改組)

年 月 日	事　　項
1988. 12. 5-9	国立公文書館「公文書館等職員研修会」(～2010, 年1回5日)開始
1989. 1. 25	全史料協,「文書館専門職(アーキビスト)の養成についての提言」公表
1989. 3. 18	記録管理学会発足
1989. 6. 15	国立公文書館「第1回都道府県・政令指定都市公文書館館長会議」開催
1989. 10. 26	全史料協,「公文書館専門職員養成制度の確立に関する要望書」内閣総理大臣へ提出
1989. 11. 24	国立公文書館「公文書館における専門職員の養成及び資格制度に関する研究会」設立
1991. 5. 16-22	ケスケメティICA事務総長来日, 第2回文書館振興国際会議―テーマ「アーキビスト養成の国際潮流」開催
1991. 5. 30	日本学術会議,「公文書館の拡充と公文書等の保存利用体制の確立について」要望書を内閣総理大臣へ提出
1991. 9. 9	ICA専門職教育部会「アジア・オセアニアにおけるアーキビスト養成国際シンポジウム」開催(中国：北京)
1991. 11. 7-8	全史料協第17回大会総会にて, 専門職問題特別委員会設置
1992. 4. 16-7. 16	企業史料協・法政大学産業情報センター, 第1回ビジネスアーキビスト養成講座開設
1992. 10. 20	全史料専門職問題特別委員会, 報告書「文書館専門職(アーキビスト)養成制度の実現に向けて」
1993. 2. 24-26	国立公文書館「都道府県・政令指定都市公文書館実務担当者研究会議」(～2010, 後に「公文書館実務担当者会議」)開始
1993. 3. 10	全史料協「文書館専門職養成制度の確立に関する請願書」(衆参両議長あて提出)
1993. 3. 17	全史料協「文書館専門職養成制度の確立に関する要望書」(内閣総理大臣・文部大臣・自治大臣あて提出)
1993. 6. 21	国立公文書館「公文書館における専門職員の養成及び資格制度に関する研究会」報告書
1993. 11. 5	国立公文書館,「公文書館における専門職員の養成機関の整備等に関する研究会」設置, →養成カリキュラムに着手
1993. 12. 7	全史料協「文書館専門職員養成制度の確立に関する請願」衆参両議長あてに再提出, 翌年1.28・29採択
1994. 4. 1	駿河台大学, 文化情報学部に「レコード・アーカイブズコース」開設
1994. 4. 1	別府大学, 文書館専門職養成課程開始
1994. 9. 19	全史料協, 第二次専門職問題特別委員会設置
1995. 1. 17	阪神淡路大震災発生, 2月に歴史資料ネットワーク結成, 全史料協文化財等救援委員会に参加

年月日	事　　項
1995.7.8	企業史料協・地方史研究協議会・日本歴史学協会(日歴協)史料保存利用特別委員会・東日本大学史連絡協議会・全史料協，シンポジウム「アーキビスト問題を考える」開催(於：学習院大学)
1995.12.18	全史料協，第二次専門職問題特別委員会報告書「アーキビスト制度への提言」
1996.4.20	日歴協主催第1回「史料学・史料館員問題シンポジウム」開催(於：早稲田大学)
1996.7.12	国立公文書館，「公文書館における専門職員の養成機関の整備等に関する研究会報告書」
1998.4.1	山口県文書館，文書館専門職を公募にて採用
1998.10.1	松本市文書館開館
1998.11.30	国立公文書館専門職員養成課程開始(～2010，前期2週・後期2週)
1999.5.7	「情報公開法」成立
1999.6.23	「国立公文書館」法成立
1999.12.22	「国立公文書館法の一部を改正する法律」(独立行政法人個別法)公布
2000.4.1	和歌山県立文書館，文書館専門職を公募にて採用
2001.11	市町村合併時の公文書等の保存を求める声明(全史料協・地方史研究協議会など)
2001.4.1	国立公文書館が独立行政法人に移行
2002.4.5	天草アーカイブズ開館
2002	日本学術会議学術基盤情報常置委員会，「史料管理学」の体系化とアーキビスト教育の拡充を提言
2003.6.24	日本学術会議学術基盤情報常置委員会「学術資料の管理・保存・活用体制の確立および専門職員の確保とその養成制度の整備について」を報告
2003.12.17	内閣府，第1回「公文書等の適切な管理，保存及び利用に関する懇談会」を開催
2003.5.30	「個人情報保護法」成立
2004.4.	日本アーカイブズ学会設立
2004.11.12	内閣府・国立公文書館主催　シンポジウム「未来に残す歴史的文書・アーカイブズの充実に向けて」開催
2005.4.1	「市町村の合併の特例に関する法律」(市町村合併特例法)施行(2010年4月改正)
2006.4	日本アーカイブズ学会主催シンポジウム「アーカイブズ専門職の未来を拓く」開催
2006.10	第2回「アジア太平洋アーカイブズ学教育国際会議」開催
2007.5.23	アーカイブズ関係機関協議会設立
2008.4	学習院大学，大学院人文科学研究科にアーカイブズ学専攻を開設
2008.4	東北大学大学院文学研究科アーキビスト養成コース開講
2008.8.28	日本学術会議史学委員会歴史・考古史資料の情報管理・公開に関する分科会「公文書館法とアーキビスト養成」を提言

年 月 日	事　　項
2008. 11. 4	「時を貫く記録としての公文書管理の在り方」(最終報告)⇒専門的・技術的助言を行うため，文書管理に関する専門家(レコードマネージャー・アーキビスト等)の確保と育成，研究等を行うことを明記
2009. 6. 24	「公文書等の管理に関する法律」(公文書管理法)成立，7.1 公布．後に「同施行令」，「特定歴史公文書等の保存，利用及び廃棄に関するガイドライン」策定
2011. 3. 11	東日本大震災発生，国立公文書館，全史料協，被災公文書の救援を実施
2011. 8. 29 -9. 2	「アーカイブズ研修Ⅰ」開始(～現在)
2011. 9. 26 -10. 7	「アーカイブズ研修Ⅲ」開始(～現在)
2012. 1. 24 -26	「アーカイブズ研修Ⅱ」開始(～現在)
2013. 4. 1	日本アーカイブズ学会登録アーキビスト開始
2016. 3. 31	内閣府『国立公文書館の機能・施設の在り方に関する基本構想』公表，資格制度の確立に向けた検討を示唆
2017. 5. 3	秋田県大仙市アーカイブズ開館
2018. 12. 27	国立公文書館「アーキビストの職務基準書」作成
2020. 6. 8	国立公文書館「アーキビスト認証委員会」設置
2021. 1. 1	国立公文書館認証アーキビスト開始(190 名登録)
2021. 4. 1	島根大学人間科学研究科にアーキビスト開講プログラム設置
2021. 4. 1	大阪大学アーキビスト養成・アーカイブズ研究コース設置
2022. 4. 1	昭和女子大学大学院アーキビスト養成・アーカイブズ研究コース設置
2022. 6. 25	日歴協第 27 回史料保存利用問題シンポジウム「アーカイブズ専門職問題の新潮流」開催
2023. 6	筑波大学および中央大学大学院アーキビスト養成プログラム，認証アーキビスト審査細目に追加
2023. 9. 26	日本学術会議「新型コロナウイルス感染症のパンデミックをめぐる資料・記録，記憶の保全と継承のために」を提言

注　全史料協編『日本の文書館運動―全史料協の 20 年―』(岩田書院，1996)及び各機関のホームページを中心に編集

全国の自治体公文書館一覧

都道府県

文書館名	設立年月日	〒	所在地
北海道立文書館	1985/7/15	069-0834	江別市文京台東町41-1
青森県公文書センター	2013/12/20	030-8570	青森市長島1-1-1　県庁舎東棟1階
岩手県公文書センター	2022/9/30	020-0023	盛岡市内丸11-1
宮城県公文書館	2001/4/1	981-3205	仙台市泉区紫山1-1-1 宮城県図書館内
秋田県公文書館	1993/11/2	010-0952	秋田市山王新町14-31
山形県公文書センター	2015/11/9	990-0041	山形市緑町1-2-36　遊学館2階
福島県歴史資料館	1970/7/31	960-8116	福島市春日町5-54
茨城県立歴史館	1973/4/1	310-0034	水戸市緑町2-1-15
栃木県立文書館	1986/4/1	320-8501	宇都宮市塙田1-1-20
群馬県立文書館	1982/4/1	371-0801	前橋市文京町3-27-26
埼玉県立文書館	1969/4/1	330-0063	さいたま市浦和区高砂4-3-18
千葉県文書館	1988/6/15	260-0013	千葉市中央区中央4-15-7
東京都公文書館	1968/10/1	185-0024	国分寺市泉町2-2-21
神奈川県立公文書館	1993/11/1	241-0815	横浜市旭区中尾町1-6-1
新潟県立文書館	1992/4/1	950-8602	新潟市中央区女池南3-1-2
富山県公文書館	1987/4/1	930-0115	富山市茶屋町33-2
石川県立図書館	2022/7/16	920-0942	金沢市小立野2-43-1
福井県文書館	2003/2/1	918-8113	福井市下馬町51-11
長野県立歴史館	1994/11/3	387-0007	千曲市大字屋代260-6
岐阜県歴史資料館	1977/4/1	500-8014	岐阜市夕陽ケ丘4
静岡県公文書センター	2020/3/1	420-8601	静岡市葵区追手町9-6 静岡県庁県民サービスセンター内

☎	資料検索ツール
011-388-3001	文書館資料のあらまし，北海道立文書館資料検索，北海道立文書館デジタルアーカイブズ
017-734-9084	特定歴史公文書の目録
019-629-5055	歴史公文書の目録，詳細文書単位目録
022-341-3231	収蔵資料検索
018-866-8301	デジタルアーカイブ秋田県公文書館，〔公文書〕目録ダウンロード，古文書刊行目録
023-676-6512	特定歴史公文書の目録
024-534-9193	収蔵資料と刊行物・目録
029-225-4425	資料検索
028-623-3450	文書館の収蔵資料，デジタル史料室
027-221-2346	群馬県立文書館 目録検索
048-865-0112	収蔵資料検索システム
043-227-7555	千葉県文書館収蔵資料検索，収蔵古文書一覧等
042-313-8460	東京都公文書館 情報検索システム，東京都公文書館 デジタルアーカイブ
045-364-4456	各種資料目録，神奈川県立公文書館デジタルアーカイブ
025-284-6011	詳細蔵書検索
076-434-4050	富山県公文書館デジタルアーカイブ
076-223-9565	shosho（石川県立図書館資料総合検索システム）
0776-33-8890	デジタルアーカイブ福井，デジタル歴史情報
026-274-2000	収蔵史資料検索，古文書目録名検索，近現代史資料検索，閲覧室雑誌検索，県内史資料検索
058-263-6678	岐阜県歴史資料館資料検索，岐阜県歴史資料館所蔵資料目録
054-221-3751	静岡県歴史的公文書検索

文書館名	設立年月日	〒	所在地
愛知県公文書館	1986/7/1	460-8501	名古屋市中区三の丸2-3-2
三重県総合博物館	2014/4/19	514-0061	津市一身田上津部田3060
滋賀県立公文書館	2020/4/1	520-8577	大津市京町4-1-1　県庁新館3階
京都府立京都学・歴彩館	1963/10/28	606-0823	京都市左京区下鴨半木町1-29
大阪府公文書館	1985/11/11	540-8570	大阪市中央区大手前2-1-22
兵庫県公館県政資料館	1985/4/17	650-8567	神戸市中央区下山手通4-4-1
奈良県立図書情報館	2005/11/3	630-8135	奈良市大安寺西1-1000
和歌山県立文書館	1993/4/1	641-0051	和歌山市西高松1-7-38
鳥取県立公文書館	1990/10/1	680-0017	鳥取市尚徳町101
島根県公文書センター	2011/11/1	690-8501	松江市殿町1番地　島根県庁第3分庁舎1階
岡山県立記録資料館	2005/4/1	700-0807	岡山市北区南方2-13-1
広島県立文書館	1988/10/1	730-0052	広島市中区千田町3-7-47
山口県文書館	1959/4/1	753-0083	山口市後河原150-1
徳島県立文書館	1990/4/1	770-8070	徳島市八万町向寺山文化の森総合公園内
香川県立文書館	1994/3/28	761-0301	高松市林町2217-19
高知県立公文書館	2020/4/1	780-0850	高知市丸ノ内1-1-10
福岡共同公文書館	2012/4/1	818-0041	筑紫野市上古賀1-3-1
佐賀県公文書館	2012/4/1	840-0041	佐賀市城内1-6-5
長崎県公文書コーナー	2022/3/27	850-0007	長崎市立山1-1-51　長崎県立長崎図書館郷土資料センター内
熊本県公文書センター	2023/4/3	862-8570	熊本市中央区水前寺6-18-1
大分県公文書館	1995/2/28	870-0008	大分市王子西町14-1
宮崎県文書センター	2002/7/17	880-0803	宮崎市旭1-3-6
沖縄県公文書館	1995/4/1	901-1105	島尻郡南風原町字新川148-3

☎	資料検索ツール
052-954-6025	愛知県公文書館所蔵資料検索システム
059-228-2283	横断検索，特定歴史公文書等データベース
077-528-3126	滋賀県立公文書館所蔵資料検索システム，資料目録
075-723-4831	京の記憶アーカイブ，３館合同蔵書検索システム，京都府立京都学・歴彩館 デジタルアーカイブ，東寺百合文書 WEB，京都府立京都学・歴彩館統合検索
06-6944-8373	所蔵資料検索
078-362-4133	収蔵資料目録
0742-34-2111	まほろばデジタルライブラリー検索，資料検索
073-436-9540	和歌山県歴史資料アーカイブ
0857-26-8160	とっとりデジタルコレクション，簿冊情報検索システム，資料の検索
0852-22-6889	特定歴史公文書目録
086-222-7838	詳細検索，高精細画像ページ
082-245-8444	広島県立文書館データベースシステム，資料デジタル画像
083-924-2116	所蔵文書検索，デジタルアーカイブ
088-668-3700	文書館の資料をさがす，徳島県立文書館 蔵書検索，徳島県立文書館デジタルアーカイブ
087-868-7171	香川県立文書館所蔵資料データベース，香川県立文書館デジタルアーカイブ
088-856-5024	特定歴史公文書等の目録，行政資料等の目録
092-919-6166	所蔵資料検索システム，特定歴史公文書目録
0952-25-7365	佐賀県歴史的文書検索システム，歴史的文書簿冊一覧
095-895-2113	歴史的文書目録
096-333-2061	行政文書ファイル等及び特定歴史公文書情報検索
097-546-8840	所蔵公文書目録
0985-26-7027	所蔵資料目録
098-888-3875	資料検索，琉球政府文書デジタルアーカイブ

政　令　市

文書館名	設立年月日	〒	所　在　地
札幌市公文書館	2013/7/1	064-0808	札幌市中央区南8条西2-5-2
仙台市公文書館	2023/7/3	981-0942	仙台市青葉区貝ケ森5-6-1
川崎市公文書館	1984/10/1	211-0051	川崎市中原区宮内4-1-1
相模原市立公文書館	2014/10/1	252-5192	相模原市緑区久保沢1-3-1　城山総合事務所第2別館3F
新潟市文書館	2022/1/8	950-3313	新潟市北区太田862-1
名古屋市市政資料館	1989/10/11	461-0011	名古屋市東区白壁1-3
大阪市公文書館	1988/7/1	550-0014	大阪市西区北堀江4-3-14
神戸市文書館	1989/6/19	651-0056	神戸市中央区熊内町1-8-21
広島市公文書館	1977/4/1	730-0051	広島市中区大手町4-1-1大手町平和ビル6-8階
北九州市立文書館	1989/11/1	803-0814	北九州市小倉北区大手町11-5
福岡市総合図書館	1996/6/29	814-0001	福岡市早良区百道浜3-7-1

市　区　町

文書館名	設立年月日	〒	所　在　地
横手市公文書館	2020/5/1	013-0006	横手市新坂町2-74
大仙市アーカイブズ	2017/5/3	019-2335	大仙市強首字上野台1-2
常陸大宮市文書館	2014/10/10	319-222	常陸大宮市北塩子1721
小山市文書館	2007/4/11	323-0031	小山市八幡町2-4-24
芳賀町総合情報館	2008/10/3	321-3307	芳賀郡芳賀町祖母井南1-1-1
中之条町歴史と民俗の博物館「ミュゼ」	2011/4/1	377-0424	吾妻郡中之条町大字中之条町947-1
戸田市アーカイブズ・センター	2009/6/9	335-0021	戸田市大字新曽1707
久喜市公文書館	1993/10/1	346-8501	久喜市下早見85-1

☎	資料検索ツール
011-521-0205	札幌市目録公開システム，札幌市公文書館所蔵資料検索
022-303-6074	仙台市公文書館　目録検索
044-733-3933	川崎市公文書館所蔵文書目録
042-783-8053	相模原市現用公文書・歴史的公文書目録検索システム
025-278-3260	新潟市文書館所蔵資料検索システム
052-953-0051	簿冊を調べる，件名を調べる，まるはち横断検索，なごやコレクション
06-6534-1662	公文書検索システム
078-232-3437	文書館収蔵図書目録
082-243-2583	広島市公文書館デジタルアーカイブ・システム，冊子目録
093-561-5558	所蔵刊行物一覧
092-852-0600	蔵書検索システム

☎	資料検索ツール
0182-23-9010	公文書館公開等保存資料目録
0187-77-2004	公開目録(公文書)について，公開目録(地域史料)について
0295-52-0571	館内検索システム
0285-25-7222	—
028-677-2525	館内検索システム
0279-75-1922	—
048-443-5600	—
0480-23-5010	目録

文書館名	設立年月日	〒	所　在　地
八潮市立資料館	1989/11/23	340-0831	八潮市大字南後谷763-50
板橋区公文書館	2000/4/1	173-0001	板橋区本町24-1
武蔵野ふるさと歴史館	2014/12/14	180-0022	武蔵野市境5-15-5
ふるさと府中歴史館	2011/4/1	183-0023	府中市宮町3-1
藤沢市文書館	1974/7/1	251-0054	藤沢市朝日町12-6
寒川文書館	2006/11/1	253-0106	高座郡寒川町宮山135-1
上越市公文書センター	2011/4/1	943-0595	上越市清里区荒牧18　清里区総合事務所内
富山市公文書館	2010/4/1	939-2798	富山市婦中町速星754
金沢市公文書館	2022/4/17	920-0863	金沢市玉川町2-2
長野市公文書館	2007/11/20	380-0928	長野市若里6-6-2　長野市若里分室内
松本市文書館	1998/10/1	390-0837	松本市鎌田2-8-25
上田市公文書館	2019/9/1	386-0413	上田市東内2564-1
須坂市文書館	2018/10/1	382-0013	須坂市大字須坂812-2　旧上高井郡役所内
東御市文書館	2018/4/4	389-0404	東御市大日向337　北御牧庁舎
安曇野市文書館	2018/10/1	399-8211	安曇野市堀金烏川2753-1
長和町文書館	2019/4/1	386-0701	小県郡長和町和田147-3　長和の里歴史館
小布施町文書館	2013/4/24	381-0297	上高井郡小布施町大字小布施1491-2
高山市公文書館	2010/8/10	506-0101	高山市清見町牧ケ洞2447
磐田市歴史文書館	2008/4/1	438-0292	磐田市岡729-1
守山市公文書館	2000/4/1	524-8585	守山市吉身3-6-3
尼崎市立歴史博物館	2020/10/10	660-0825	尼崎市南城内10-2
高松市公文書館	2015/3/26	769-0192	高松市国分寺町新居1298　国分寺総合センター2階
さぬき市公文書館	2023/4/1	769-2321	さぬき市寒川町石田東甲425
三豊市文書館	2011/6/26	768-0103	三豊市山本町財田西375
西予市城川文書館	1999/4/21	797-1701	西予市城川町土居335
太宰府市公文書館	2014/4/1	818-0110	太宰府市御笠5-3-1
天草市立天草アーカイブズ	2002/4/1	863-0041	天草市志柿町6335
北谷町公文書館	1992/4/1	904-0192	中頭郡北谷町桑江1-1-1

注　国立公文書館のリンク集より一部転載。

☎	資料検索ツール
048-997-6666	八潮市立資料館デジタルアーカイブ，れきナビ―やしお歴史事典
03-3579-2291	所蔵資料一覧
0422-53-1811	武蔵野ふるさと歴史館オンラインデータベース
042-335-4393	—
0466-24-0171	資料検索
0467-75-3691	文書館収蔵資料管理検索システム
025-528-3110	歴史公文書の目録，古文書の紹介
076-465-3530	公文書検索，公文書目次
076-254-0611	目録検索システム
026-224-0701	所蔵資料目録
0263-28-5570	文書目録
0268-75-6682	上田市公文書館目録検索システム
026-285-9041	文書館資料目録，文書館複製文書目録，旧町村別文書目録，移管文書目録
0268-67-3312	公開目録
0263-71-5123	文書目録
0268-88-0030	—
026-214-9114	—
0577-32-3333	保存文書一覧
0538-66-9112	—
077-514-1050	—
06-6482-5246	デジタルアーカイブ，史料を探す
087-874-4147	高松市ウェブミュージアム 収蔵品情報システム
0879-26-9979	特定歴史公文書等目録
0875-63-1010	所蔵目録一覧
0894-82-1117	—
092-921-2322	公文書館公開目録
0969-27-5500	天草アーカイブズ 資料検索システム
098-982-7739	収蔵資料検索システム

著者略歴

一九六二年　埼玉県に生まれる
一九八五年　駒澤大学文学部歴史学科卒業
二〇一六年　駒澤大学にて学位取得、博士（歴史学）
現在、埼玉県立文書館学芸主幹、国立公文書館認証アーキビスト

主要編著書
『関東の戦国期領主と流通―岩付・幸手・関宿―』（岩田書院、二〇一一年）
『史料纂集古文書編　安保文書』〈校訂〉（八木書店、二〇二二年）
『旧国中世重要論文集成　武蔵国』〈編著〉（戎光祥出版、二〇二三年）

文書館のしごと

アーキビストと史料保存

二〇二四年（令和六）四月十日　第一刷発行
二〇二四年（令和六）七月二十日　第二刷発行

著者　新《あら》井《い》浩《ひろ》文《ぶみ》
発行者　吉川道郎
発行所　株式会社 吉川弘文館
郵便番号一一三―〇〇三三
東京都文京区本郷七丁目二番八号
電話〇三―三八一三―九一五一〈代表〉
振替口座〇〇一〇〇―五―二四四番
https://www.yoshikawa-k.co.jp/

印刷＝株式会社 三秀舎
製本＝株式会社 ブックアート
装幀＝渡邉雄哉

ISBN978-4-642-08448-2